陈晋等著

新中国，有这样一个时代

外文出版社
FOREIGN LANGUAGES PRESS

新中国，有这样一个时代

目录

序言
毛泽东和他的时代

四声炮响与中国之命运　/2

从"旧中国"到"新中国"　/7

何以成为时代的灵魂性人物？　/9

在时代的使命面前　/11

道路、梦想和传奇　/15

第一章
历史的"问"与"答"

"大团结就是大力量"　/20

"政权是从枪杆子中取得的"　/25

"指导伟大的革命，要有伟大的党"　/32

终归还是人心　/36

第二章
新中国"新"在哪里？

民族独立新形象　/45

人民解放新面貌　/49

国家统一新局面　/54

第三章
走进社会主义

搞社会主义是早晚的事 /64

为何拨快了向社会主义过渡的时钟? /68

一条和平改造道路 /74

第四章
冷战格局下的突围

站到苏联一边 /84

打得一拳开,免得百拳来 /89

撕开经贸封锁的裂口 /93

两个国际会议,一个中国方案 /97

第五章
有这样一个"顶层设计"

为什么是1956年? /106

理清"十大关系" /110

一场盛会,一条路线 /114

"多事之秋"的判断和选择 /118

目录

第六章
计划时代

经济计划是怎样编制的？ /126

老百姓的吃穿用 /132

"搞社会主义建设不要那么急" /137

从发展战略到经济布局 /143

第七章
面对知识分子

原本是"书生" /152

团结、教育、改造 /159

百花齐放、百家争鸣 /166

打好科学技术这一仗 /171

第八章
移风易俗，改造社会

除"毒瘤"，破旧俗 /182

新的社会风尚出现了 /188

一边是乡村，一边是城市 /193

那个年代的"精气神" /199

第九章
治国之道

为跳出"历史周期率" /207

"治国者"怎样炼成？ /212

"一盘棋，一竿子" /218

关于"文化大革命" /223

第十章
国际新角色

中苏关系的恶化 /230

结交"中间地带" /234

跨越太平洋的握手 /239

重返联合国 /245

后记 /250

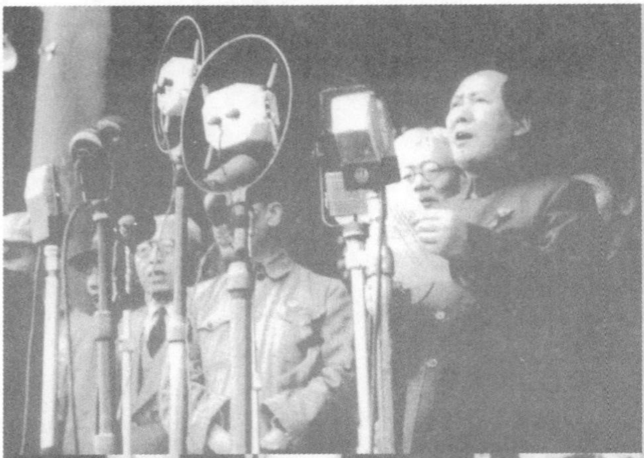
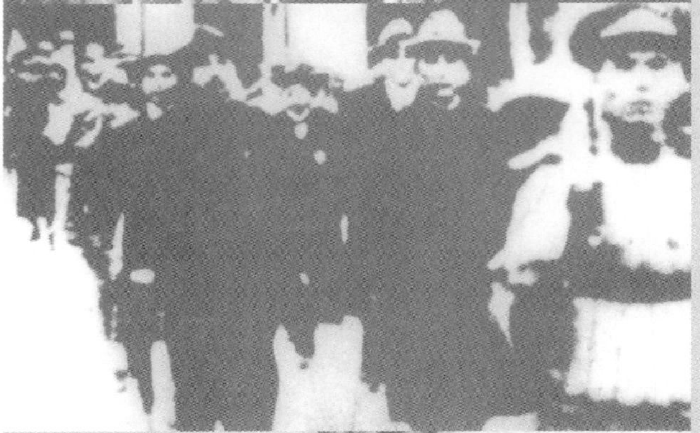
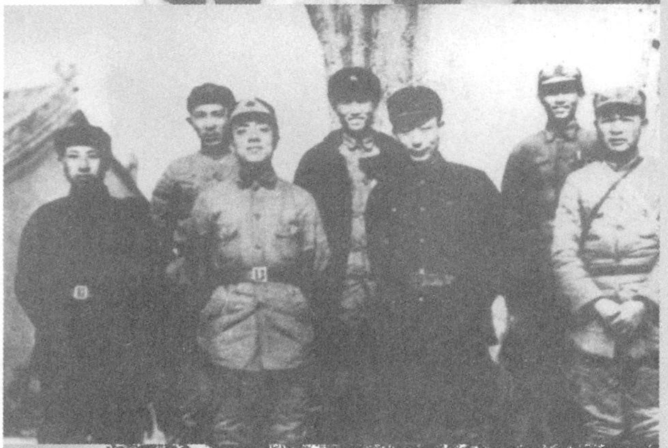
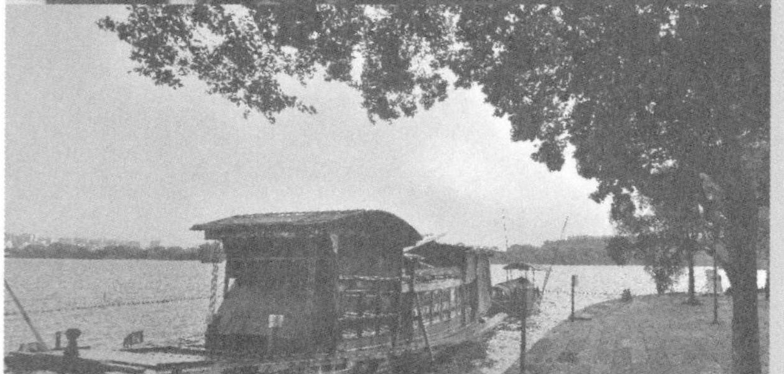

序言

毛泽东和他的时代

四声炮响与中国之命运
从"旧中国"到"新中国"
何以成为时代的灵魂性人物？
在时代的使命面前
道路、梦想和传奇

1842年8月29日,中英《南京条约》签订,割让香港岛。

在新中国70多年的历史上,有这样一个时代,人们称之为毛泽东时代。

四声炮响与中国之命运

在中国近代历史上,有四声炮响,改变了国家的命运。

第一声炮响是英国人打的。

1840年的中国,就像一个古老易碎的青瓷花瓶,看起来硕大精美,却经不起外部世界哪怕是轻轻的一击。这一年,英国凭借坚船利炮,对中国发动了第一次鸦片战争。中国从此陷入被西方列强欺凌的屈辱境地,被迫签订了一个又一个极不平等的条约。

这声炮响,把沉睡的中国从东方老大帝国的迷梦中惊醒了。"不仅激起了农民的排外反应,而且激起了几乎中国政治、知识等各界精英人士这样一种情绪,即现状必须彻底改变。"[1]

---

[1][美]施拉姆:《〈毛泽东的思想〉导言》,《施拉姆集》,天津人民出版社,1993年版,第6页。

八国联军侵华

1900年，英、美、德、法、俄、日、意、奥八个国家，以镇压中国的义和团运动为名，悍然发动联合侵华战争。1901年9月7日，清政府被迫签订《辛丑条约》。这个条约的主要内容是：中国向各国赔偿白银4.5亿两，承认外国军队驻扎北京和从北京到山海关沿线的十二个重要地区，等等。

改什么，怎样变？中国人相继尝试了许多办法。开始是不乏传统色彩的农民起义，为推翻清王朝政府，一个叫洪秀全的领袖率领他的起义军，从中国南部的广西打到东部的江苏，还建立了一个叫太平天国的政权，搞了十几年，终归失败。接下来，是在器物技术层面开展向西方国家学习的"洋务运动"，还兴办了一些近代军事工业，建立起近代陆军和海军，搞了二三十年，结果在1894年的中日甲午战争中受到毁灭性打击。再后来，在清朝光绪皇帝的支持下，企图通过自上而下的变法，逐步推行君主立宪制度，从政治、经济、军事、文教等方面进行改革，结果只搞了3个多月，引起守旧势力的强烈反扑而戛然而止，领头的几个骨干还被杀掉了。再后来，就是八国联军打到北京，连清王朝政府自己都觉得，如再不随时而变，就很难维持政权了，于是，搞起了一系列被称为"新政"的改革，甚至重新捡起曾被自己腰斩的君主立宪制，然而，随后推出的却是一个主要由皇室成员组成的政府内阁。这时候，人们还愿意买王朝政府的账吗？

寄希望于清王朝自身的变革，显然已经不能救中国了。第二声炮响的出现只是时间问题。

俄国十月革命

俄国十月革命，指俄国工人阶级在布尔什维克党和列宁领导下，联合农民，于俄历1917年10月25日（公历11月7日）举行的武装起义。起义次日攻占俄国临时政府所在地冬宫，组成了以列宁为首的苏维埃政府，随后建立第一个无产阶级专政的社会主义国家。

李大钊

李大钊（1889—1927），河北乐亭人，五四新文化运动的主要领导人之一。曾任《新青年》杂志编辑，并与陈独秀等创办《每周评论》，是中国最早的马克思主义者，也是中国共产党的主要创始人和早期领导人。1927年4月被军阀张作霖逮捕，在北京就义。

第二声炮响是中国资产阶级革命党人打的。

1911年（中国农历辛亥年）10月10日深夜，立意推翻清王朝的武昌起义新军，炮轰清王朝的湖广总督署，不仅吓跑了总督瑞澂，也结束了延续几千年的封建专制王朝。这就是中国资产阶级领导的辛亥革命。这场革命的先行者和领导人，是一位学医出身的广东人，名字叫孙中山。

听到武昌起义的炮声，有一位刚从湖南农村来省城长沙读书的18岁中学生，立刻到长沙的起义新军里当了名列兵。半年后，孙中山建立起亚洲第一个共和国，这位青年以为革命成功了，便退出军队继续求学。这位学生当时默默无闻，后来人们都熟悉他的名字，叫毛泽东。

中华民国建立后，没有了皇帝，但封建军阀们把持中央和各地政权。在中央，有人想当皇帝；在地方，则有许多大大小小的土皇帝。从1912年到1949年，中华民国这个国号在中国大陆叫了38年。在1928年之前的17年间，控制北京中央政权的军阀首领，像走马灯一样不停地变换。出任过总统或国家首脑的有7个人，当过总理的有26个人。政府内阁变动次数就更多了，据不完全统计有47次，其中最长的存在17个月，最短的只有两天。"城头变幻大王旗"，都是靠枪杆子说话。所谓民主、共和，徒有虚名，局势乱得一塌糊涂，看不到尽头。中国依然没有摆脱衰颓的命运。

中国的出路在哪里？连创建中华民国的孙中山和他领导的当时先进的政党国民党，也陷入了苦闷无计的窘境。这时候，传来了又一声炮响。

第三声炮响是俄国人打的。

1917年，俄国十月革命从阿芙乐尔巡洋舰上发出的炮声，传到中国后，先进分子从炮声中捕捉到新的文明曙光。

率先看到这缕曙光并认它作方向的,是李大钊和陈独秀两位北京大学的教授。跟在他们身后下决心走俄国革命道路的年轻人中,就有来自湖南的小学教师毛泽东。"十月革命一声炮响,给我们送来了马克思列宁主义",这句名言,就是毛泽东后来说的。

李大钊　　　　陈独秀

要走俄国革命道路的这些人,首先想到的是建党结社。

1911年辛亥革命后的10年间,有两次建党结社的高潮。第一次是1911年到1913年,据统计,当时基本具备近代政党性质的团体便有312个,但这些政党和团体大多啸聚一时便烟消云散了。第二次是1919年爆发五四爱国运动前后,在新文化运动高扬的"民主"与"科学"的时代旗帜感召下,全国知识分子搞起的政党社团多得数不过来。大家都在为拯救中国寻找出路,希望按自己的方案来改变中国,进而复兴中国。

1921年7月成立的中国共产党,把社会主义和共产主义规定为自己的奋斗目标,并且明确用革命的手段来实现这一目标。这个政党成立时的领头人是陈独秀和李大钊,

陈独秀
　　陈独秀(1879—1942),安徽怀宁人,五四新文化运动的主要领导人之一。五四运动后,接受和宣传马克思主义。从1921年7月中国共产党成立到1927年7月,先后担任中央局书记、中央执委会委员长、中共中央总书记。后因反对中国共产党的政策,于1929年11月被开除党籍。1932年10月被国民党逮捕,1937年8月出狱。1942年病故于四川江津。

新文化运动
　　以1915年陈独秀创办《青年杂志》(后改名《新青年》)为起点。基本内容是:提倡民主和科学,反对专制和迷信盲从;提倡个人解放,反对封建礼数;提倡新文学,反对旧文学,实行文学革命。1919年五四运动后,马克思主义开始在中国广泛传播,逐渐成为新文化运动的主流。

五四爱国运动

　　五四爱国运动是1919年5月4日发生的反帝反封建的爱国运动。当时，第一次世界大战刚刚结束，英、美、法、日、意等战胜国在巴黎召开对德和会，决定由日本继承德国在中国山东的特权。中国是参加对德宣战的战胜国之一，但北洋军阀政府却准备接受这个决定。5月4日，北京学生游行示威，反对巴黎和会的决定和北洋军阀政府的妥协。这次运动迅速获得全国人民的响应，到6月3日以后，发展成为有工人阶级、城市小资产阶级和民族资产阶级参加的广大群众性的反帝反封建的爱国运动。五四爱国运动中的一些先进分子接受了马克思主义，并致力于马克思主义同中国工人运动相结合，由此在思想上和行动上为中国共产党的成立做了准备。

1949年10月1日，开国大典，毛泽东主席在天安门城楼上庄严宣告："中华人民共和国中央人民政府今天成立了！"

　　28岁的毛泽东是党的第一次全国代表大会13名中共代表之一。代表们的平均年龄，正好也是28岁。当时全国只有58个党员，在4亿人口的中国，无疑是沧海一粟。

　　但这个信仰马克思列宁主义的政党，硬是像原子裂变般爆发出惊人的能量。经过28年的起起伏伏、曲曲折折，终于夺取了全国政权，创建了一个新国家。

　　毛泽东就是在这个披沙沥金的悲壮历程中脱颖而出，被他所处的时代选择为领袖的。1949年革命取得成功的时候，即将担任新国家政府总理的周恩来，发表了一篇题为《学习毛泽东》的讲话，开头就说："我们必须有一个大家共同承认的领袖，这样的领袖能够带着我们前进。三十年革命运动的实践使中国人民有了自己的领袖，就是毛泽东。"

　　第四声炮响是中国共产党打的。

　　那是1949年10月1日在北京天安门广场举行的中华人民共和国开国大典上发出来的礼炮声。为昭示中国共产党成立28年来的奋斗历程，开国大典一共放了28响礼炮。

礼炮和烟花消散去后,发生在中国大地上的社会巨变,便属于毛泽东时代的中国故事了。这也是本书将用 10 多万字的篇幅去讲述的历史。

从"旧中国"到"新中国"

第四声炮响之前的中国近代历史,在内忧外患、风雨飘摇中动荡了足足一个世纪,弥漫着压迫和反抗、革命和战争、饥饿和死亡。这是毛泽东所处的时代,也是造就毛泽东的时代。这个时期的中国,人们称之为旧中国。

第四声炮响之后,既是毛泽东所处的时代,也是毛泽东领导的时代。人们习惯称谓的毛泽东时代,时间范畴是 1949 年到 1976 年。这个时期的中国,人们称之为新中国。

旧中国是毛泽东时代的前序和产床。

新中国是毛泽东时代的正文和舞台。

新旧中国的时间分界点,恰恰是 20 世纪中叶(1949 年)。毛泽东简单明了地概括说:"这个世纪,上半个世纪搞革命,下半个世纪搞建设。"[1]

上半个世纪为什么要搞革命?旧中国被称为半殖民地半封建社会,也就是说,中国名义上是一个独立国家,但各个领域都受着帝国主义势力的侵略和压迫。从 1900 年八国联军打到北京,到 1931 年开始的长达 14 年的抗日战争就是明证。虽然没有了封建皇权的统治,但占人口绝大多数的农民仍然没有摆脱封建经济制度的剥削和封建意识形态的桎梏。在旧中国搞革命,为的是彻底清除帝国主义和封建主义,以实现民族独立和人民解放。

下半个世纪搞什么样的建设?早在革命年代,毛泽东就确定下来这样一条建设思路:通过建立社会主义制度,把中国从落后的农业国改变为先进的工业国。新中国成立头几年,搞新民主主义社会建设,经济目标是实现工业化。1956 年构筑起社会主义经济基础和上层建筑后,进入全面建设社会主义时期。所谓全面建设,就包

---

[1] 中共中央文献研究室编:《毛泽东年谱(1949—1976)》第 3 卷,中央文献出版社,2013 年版,第 120 页。

抗日战争期间，日本帝国主义侵占中国后，用"旅行身份证明书"的办法来限制人民的行动自由。

括经济、政治、文化等方方面面。经济建设方面的目标，则是逐步以现代化代替工业化，毛泽东的具体概括是建设现代化的工业、现代化的农业、现代化的科学技术和现代化的国防，最终实现国家富强和人民幸福。

革命是除旧，告别；建设是布新，迎取。但革命和建设从来不是刚性的断裂关系。革命中有建设，建设中有革命，建设中还有承续。建设中所要承续的，不光是旧中国留下的有益于新中国的遗产和资源，还有革命者自身在革命年代形成的传统。进入新中国，时代要求革命者与时俱进，拥有新的视野和思维，但不能要求革命者一夜之间换副脑筋，更不能要求他们淡忘过去。"忘记过去，意味着背叛"，这句列宁的名言，流淌在毛泽东那一代共产党人的血液里。

革命是为救国，建设是为兴国。革命是为了解放社会生产力，建设是为了发展社会生产力。从旧中国到新中国，从革命到建设，历史演变的内在逻辑，就这么简单。

理解了这个历史逻辑，就能真切地理解毛泽东和他的时代。因为，毛泽东是穿越和推动两个时代向前发展的灵魂性人物。

何以成为时代的灵魂性人物？

每个时代都有它的灵魂性人物。

从远处讲，资产阶级革命时代的灵魂性人物，在英国有克伦威尔，在法国有拿破仑，在中国有孙中山。从近处讲，七八十年前的第二次世界大战期间，人们津津乐道的是斯大林、罗斯福和丘吉尔几位"巨头"。关于中国的改革开放，美国哈佛大学的傅高义教授新近还写了一本题为《邓小平时代》的书；关于今天中国的发展变革，美国纽约大学的教授熊玠又写了一本书，叫《习近平时代》。

这些灵魂性人物，大多为政治领袖。当然，也不是任何一个政治领袖都可能成为时代的灵魂性人物。灵魂性人物超越一般政治领袖的地方在于，他们有大信仰大执着，经受时代的锤炼和塑造，有大判断大选择，有号召力感染力，被历史选择出来，能够代表当时社会的普遍愿景，在大历史中担当领导责任。

有意思的是，毛泽东曾经和西方一个被他称为"军人和政治家"的客人，交流过对政治领袖的看法。

1960年5月和1961年9月，英国元帅蒙哥马利两度访问中国，毛泽东分别在上海和武汉同他深谈4次，一共谈了9个半小时。刚刚卸任北大西洋公约组织军队副司令的蒙哥马利，想亲自探寻一下受到西方不公正对待的新中国究竟是怎样一番景象，听一听被西方视为"红色瘟疫"的毛泽东是怎样想的。

1960年5月27日那天，他和毛泽东之间有过下面这段对话：

蒙哥马利：我衡量一个政治领袖的标准是看他是否会为了地位牺牲他的原则。你同意不同意这样一种标准？如果一个领袖为了取得很高的地位而牺牲他的原则，他就不是一个好人。

毛泽东：我的意见是这样的，一个领袖应该是绝大多数人的代言人。

蒙哥马利：但是他也不能牺牲他的原则啊！

毛泽东：这就是原则，他应该代表人民的愿望。

蒙哥马利：他必须带领人民去做最有利的事。

红色瘟疫

1961年9月24日,毛泽东同蒙哥马利谈话时,蒙哥马利开玩笑地邀请毛泽东和他一道去美国,毛泽东说:"他们不欢迎,你先去探听探听。他们把我看成是红色的瘟疫,怕我传染。"

毛泽东:他必须是为了人民的利益。

蒙哥马利:但是人民并不经常知道什么对他们最有利,领袖必须带领他们去做对他们有利的事。

毛泽东:人民是懂事情的。终究还是人民决定问题。正因为克伦威尔代表人民,国王才被迫让步。

蒙哥马利:克伦威尔只代表少数人。

毛泽东:他是代表资产阶级反对封建主。

蒙哥马利:但是他失败了。克伦威尔去世并且埋葬以后,过了几年,人家又把他的尸体挖出来,砍掉他的脑袋,并且把他的头在议会大厦屋顶上挂了好几年。

毛泽东:但是在历史上克伦威尔是有威信的。

蒙哥马利:如果不是克伦威尔的话,英国就不是今天的英国了。

毛泽东:耶稣是在十字架上被钉死的,但是耶稣有威信。

蒙哥马利:那是在他死以后,在他活着的时候,他没有很多的跟随者。

毛泽东:华盛顿是代表美国人民的。

蒙哥马利:可是他被暗杀了。

毛泽东:印度的甘地也是被暗杀的,但是他是代表印度人民的。[1]

毛泽东多次说过,他心目中的"上帝"是人民。在和蒙哥马利的谈话中,他又说"我的上帝是马克思"。"马克思"加"人民",或许是毛泽东能够成为时代灵魂性人物的根本原因。

---

[1] 中华人民共和国外交部、中共中央文献研究室编:《毛泽东外交文选》,中央文献出版社、世界知识出版社,1994年版,第433—435页。

以毛泽东的名字来命名中国的一个时代，还因为他是中国共产党、中华人民共和国、中国人民解放军的主要缔造者和主要领导者。所谓"主要"，就是起关键和核心领导作用的意思，而不是说光凭他一个人就能够干成那样的大事。事实上，在毛泽东率领的领导团队中，周恩来还曾经当过他的上级，朱德则始终是军队的总司令。但早在新中国成立前14年即1935年起，这些战友们便清楚地认识到，毛泽东的胆略、智慧、才能和见识，是他们所不能及的，因而他的地位和作用是党内别的领导人无法替代的。在毛泽东逝世后开创一个新时代的邓小平说得更透彻："没有毛主席，至少我们中国人民还要在黑暗中摸索更长的时间。"[1] 正因为如此，从新中国成立到毛泽东1976年逝世，他一直是这个新国家的掌舵人，是重大决策中最终拍板的"那一个"。把这期间的中国称为"毛泽东时代"，大体是可以的。

在时代的使命面前

问题是时代的声音。回答和解决问题是时代灵魂性人物的使命。

从国际环境看，毛泽东时代的中国，面临的最大问题，是以苏联为首的东方社会主义阵营和以美国为首的西方资本主义阵营之间的冷战对峙局面。

1960年5月27日，蒙哥马利在上海第一次见到毛泽东时，着重询问毛泽东对当时的国际局势的看法，毛泽东在回答中提出一种新的观点，他说："现在的局势，我看不是热战破裂，也不是和平共处，而是第三种：冷战共处。我们要有两个方面的准备，一个是继续冷战，另一个是把冷战转为和平共处。所以你做转化工作，我们欢迎。"蒙哥马利说："西方世界的领袖是美国，现在西方国家怕被这个领袖领到战争中去。我们必须把这样一种情况改过来，即西方集团的领袖跟东方集团两个最大的国家根本谈不拢。由于这个原因，美国在西方的领导受到怀疑。"毛泽东说："只要美国的领导不削弱，就不可能改变局势。

---

[1] 邓小平：《答意大利记者奥琳埃娜·法拉奇问》(1980年8月21日、23日)，《邓小平文选》第2卷，人民出版社，1994年版，第345页。

有没有这种可能,英、法、苏、中在某些重大国际问题上取得一致意见?"蒙哥马利说:"是的,我想是可能的。但是,由于美国的领导,英、法会害怕这样做。"毛泽东说:"慢慢来。我们希望你们的国家强大一些,希望法国强大一些,希望你们的发言权大一些,那样事情就好办了。"

"冷战共处"这个看法很独到,属于毛泽东对新中国面临的世界格局和走势的重大判断。正是基于这个判断,如何处理中苏和中美关系,始终摆在新中国国际战略的突出位置。

中国共产党和苏联尽管在革命年代有过一些不那么愉快的事情,但毕竟意识形态相同。苏联在20世纪50年代又大力援助中国搞建设,那时社会主义阵营的发展也欣欣向荣,中苏结盟是可靠有效的。后来由于各种原因关系破裂,也是不得已的事情。对美国,毛泽东在抗日战争时期抱有很大好感,和派驻延安的美军观察组相处甚好。由于美国在中国人民的解放战争中帮助国民党政权,使中国共产党对美国的印象急剧恶化,再加上意识形态的对立,特别是美国在1950年派第七舰队侵入台湾海峡,阻止新中国解放台湾,中美关系从此彻底对立。一直到1970年,由于中苏关系紧张,美苏争霸加剧,中美关系才开始解冻。

任何时代的灵魂性人物,都不可能跳出历史条件的限制来作决策。在冷战格局中,下面这些国际因素对毛泽东时代的中国的内外政策,产生了直接影响:不少国家利用第二次世界大战后相对稳定的环境,经济社会发展迅速;亚洲、非洲、拉丁美洲不少国家反对帝国主义殖民侵略的民族解放运动高涨;美国带头对中国实行经济封锁和政治包围,甚至在中国周边国家进行战争,对中国形成直接威胁;中苏从结盟友好到关系破裂,甚至发展为边境武装冲突。

毛泽东那代人是带着过去惨痛的经历和教训进入新中国的。在此前一个世纪的时间里,"全世界几乎一切大中小帝国主义国家都侵略过我国,都打过我们",除了最后一次抗日战争外,"没有一次战争不是以我国失败、签订丧权辱国条约而告终"。[1]这就使毛泽东时代的治国理政,始终把独立、自主、安全、

---

[1] 毛泽东:《把我国建设成为社会主义的现代化强国》(1963年9月、1964年12月),《毛泽东文集》第8卷,人民出版社,1999年版,第340页。

1950年，曾被美国第七舰队占领的台湾高雄港。

尊严摆在突出位置，并且有着挥之不去的"落后就要挨打"的危机意识和紧迫感。

明了上面说的这些背景，今天的人们才容易理解，毛泽东时代的不少重大决策，为什么是"那样"，而不是今天人们顺理成章认为的"这样"。

新中国面临的主要课题或者说肩负的历史使命，大体有这样几个：一是巩固新政权，刷新旧国风，通俗地讲，就是通过社会改造让新中国"立"起来，在世界民族之林中站得住。二是按既定目标，让新中国过渡到社会主义社会，也就是说，要为中华民族赶上时代潮流，为国家的未来发展，构筑基本制度，提供政治前提，开出新的航道。三是促进中国的工业化进程，提高社会生产力，改变长期以来"一穷二白"的落后面貌。四是为全面建设社会主义社会，寻找一条可行有效的道路。

一穷二白

毛泽东经常用"一穷二白"来概括中国的经济文化国情。按毛泽东的解释，"穷"指生活水平低，生产力水平低，具体表现为粮食少、钢铁少、机器少；"白"指人民接受教育的程度低，存在大量不识字的文盲，全社会科学文化水平不高。

1954年9月20日，中华人民共和国第一届全国人民代表大会第一次会议通过了《中华人民共和国宪法草案》。

这四大课题，也是四大任务，环环相扣，相互交织在一起，主题词就是两个字："建设"。所以，今天的人们把毛泽东时代称为"建设时期"。对毛泽东和中国共产党来说，这是全新的时代要求。由于没有经验，在当时的条件下，只能摸索着尽最大努力去做、去问、去学。

于是，我们看到，1949年7月刘少奇访问苏联时，向斯大林提出了一个庞大的学习清单，包括苏联的国家组织、苏联经济的计划与管理、苏联的文化教育、党的组织与群众团体组织四个方面，一共30个细目，大到怎样处理中央和地方的关系，小到实行什么样的税收制度，乃至学校课程的安排。

在1961年9月24日同蒙哥马利谈话时，毛泽东是这样表达的："搞社会主义还要积累经验，苏联、英国、美国、法国、日本的经验，我们都愿意接受。"但在同西方国家交往很少的情况下，接受他们的建设经验，显然缺少渠道，很不现实。但毛泽东还是心向往之，对蒙哥马利说了一个实例："办工业，我们也很愿意问你们。我看过一份报告，是我们的一个贸易代表团到你们那里去以后回来写的，很有趣味。他们说，看到你们的一些工厂，并不富丽堂皇，房子也不整齐，但是做出来的东西，质量好。"蒙哥马利问："主席遇到难题的时候，是不是同马克思联系？"毛泽东回答："他只有理论，他没有办过社会主义。社会主义，列宁办过。所以遇到实际问题，要问自己，问苏联。"

问苏联固然好，可不久又发现了苏联社会主义建设模式的弊端，最后只能是问自己。问自己，实际上就是在实践中摸索着去做。

这样一来，自然是有的做得好，在理论和实践上都富有创造性，成效令人称奇；有的在理论和实践上都开了个好头，但后来没有很好地继续做下去；有的在理论认识上是正确的，可惜在实践中没有能够坚持和落实；也有的在理论认识上发生偏差，做起来自然就错了。

做这些事情的时候，毛泽东说过，"建设比革命更困难"[1]。这平淡如水的感慨，"如鱼饮水，冷暖自知"，似乎不需要着意渲染。

虽然不着意渲染，后来的中国人还是理解毛泽东时代的。从建设时期进入改革时期以后，人们并没有把两个历史时期对立起来，而是把毛泽东时代做得对的坚持下来，做得不够的完善起来，做错了的改正过来。

道路、梦想和传奇

任何时代都有自己的梦想，时代的灵魂性人物就是要带领人民寻找到一条实现梦想的正确道路。

毛泽东时代的梦想，是通过实现"现代化的工业、现代化的农业、现代化的科学文化和现代化的国防"[2]，建立强大的社会主义国家，实现中华民族的伟大复兴。与此相应，毛泽东时代的实践探索，从根本上说，是要为实现这个梦想找到一条社会主义建设的正确道路。

毛泽东在1961年9月23日和蒙哥马利的对话中，便牵出"道路"和"梦想"这个话题。

关于道路，蒙哥马利问毛泽东："在摸索前进的过程中，你们什么时候才感到走上了正确的道路？"对此，毛泽东没有作答，只是说，"大局是光明的，但是摆在面前的困难很多，遇到许多过去没有遇到的事情"，"对于搞社会主义，我们已积累了十二年的经验。我们搞经济的经验还不很充分"。看来，他觉得当时的中国共产党人还没有完全摸清社会主义建设规律，真正走上一条正确的道路不是那么容易的事情。

关于梦想，蒙哥马利说，你们做了很多工作，做得很不错，"再过五十

---

[1] 中共中央文献研究室编：《毛泽东年谱（1949—1976）》第3卷，中央文献出版社，2013年版，第75页。
[2] 中共中央文献研究室编：《毛泽东年谱（1949—1976）》第4卷，中央文献出版社，2013年版，第349页。

年，你们就了不起了"。毛泽东的回答是："建设强大的社会主义经济，在中国，五十年不行，会要一百年，或者更多的时间。在你们国家，资本主义的发展，经过了好几百年。"正是受到这次对话的启发，毛泽东稍后把实现梦想的历史进程概括为："建设起强大的社会主义经济，我估计要花一百多年。"[1]

从1949年新中国成立时的"第四声炮响"算起，一百年就是21世纪中叶。今天的中国，已经找到中国特色社会主义这条实现中华民族伟大复兴的必由之路，并在这条路上实现了从站起来、富起来到强起来的历史性飞跃。在人们的感觉中，中国比历史上任何时期都更接近中华民族伟大复兴的梦想。而这个梦想的内涵，也随着时代的进步大大延伸和提升了。已经不只是毛泽东时代苦苦追寻的工业国、强大的社会主义经济或"四个现代化"，而是"富强民主文明和谐美丽的社会主义现代化强国"。这是2017年召开的中共十九大确定下来的奋斗目标，实现的时间节点，依然是毛泽东构想的21世纪中叶。

在这种情况下，回望毛泽东时代和今天的关系，中国共产党人认为，毛泽东时代完成了中华民族有史以来最为广泛而深刻的社会变革，为当代中国一切发展进步奠定了根本政治前提和制度基础，实现了中华民族由不断衰落到根本扭转命运、持续走向繁荣富强的历史性飞跃。在探索社会主义建设道路的过程中，毛泽东时代虽然经历了严重曲折，但为新的历史时期开创中国特色社会主义道路提供了宝贵经验、理论准备和物质基础。如今，中国特色社会主义已经进入了新时代。

每个时代的前面，都是新的时代。传奇，却永远是传奇。

1961年9月24日，毛泽东和蒙哥马利在中国长江边上的武汉最后一次见面时，送给他一幅亲自书写的《水调歌头·游泳》，算是头天见面时接受蒙哥马利一盒三五牌香烟后回赠的礼物。这首词是毛泽东1956年在武汉游长江时写的，抒发了对中国未来发展的畅想。当时的武汉，正在中国的母亲河长江上修建第一座大桥，毛泽东在词里畅想："一桥飞架南北，天堑变通途。"当时的中国，还酝酿在武汉西边长江上游一个叫三峡的地方，修建一座巨型大坝，毛泽东在词里畅

---

[1] 参见毛泽东：《在扩大的中央工作会议上的讲话》（1962年1月30日），《毛泽东文集》第8卷，人民出版社，1999年版，第301页。

想:"神女应无恙,当惊世界殊。"意思是,等到三峡大坝建成后,那个从地老天荒起就在三峡峰巅上矗立的传说中的"巫山神女",如果还健在的话,一定会惊讶称奇,感慨世界变了模样。

毛泽东心里明白,他生前不会有"巫山神女"那样的幸运,亲眼看到完全变了模样的新世界,只好对一位当时不到40岁的干部说:等将来三峡大坝建成了,别忘了写篇祭文告诉我。[1] 中国的三峡大坝是目前世界上最大的水力发电工程,于2003年开始发电。如果真能写篇祭文告诉他,或许会有这样几个字:这时代,如你所愿。

回到眼前,毛泽东又要下水游泳,并开始抒发他的畅想了。

他邀请年轻时担任过游泳队长的蒙哥马利和他一道下水游长江。蒙哥马利说:现在老了,不游了。毛泽东游泳上岸后,蒙哥马利问:"主席为什么不在游泳池里游?"毛泽东回答说:"长江就等于几万个游泳池。多游几次胆子就放大了。"然后问蒙哥马利:"英吉利海峡有多少公里宽?水有没有长江这么急?是不是七八月间去游泳最好?"还说:"密西西比河是北美洲第一大河,我想去游一次,还有亚马逊河,不过恐怕不好游,太热。"

想游遍大江大河大海的毛泽东,怀揣着很多憧憬。对这些憧憬,有的他描绘过,有的他努力过;有的实现了,有的成为永远的遗憾。于是,他和他的时代,便成了一个永远的传奇。

《水调歌头·游泳》

全词为:"才饮长沙水,又食武昌鱼。万里长江横渡,极目楚天舒。不管风吹浪打,胜似闲庭信步,今日得宽余。子在川上曰:逝者如斯夫!风樯动,龟蛇静,起宏图。一桥飞架南北,天堑变通途。更立西江石壁,截断巫山云雨,高峡出平湖。神女应无恙,当惊世界殊。"

---

[1] 孙东升:《毛泽东对三峡工程既向往又实际——邓力群同志的一次谈话》,《党的文献》,2006年第1期。

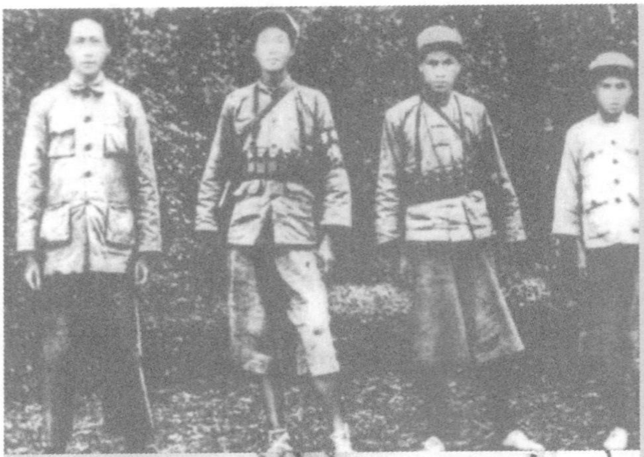
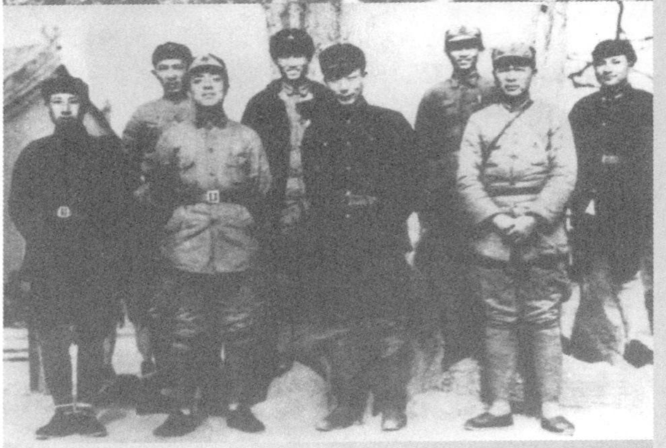
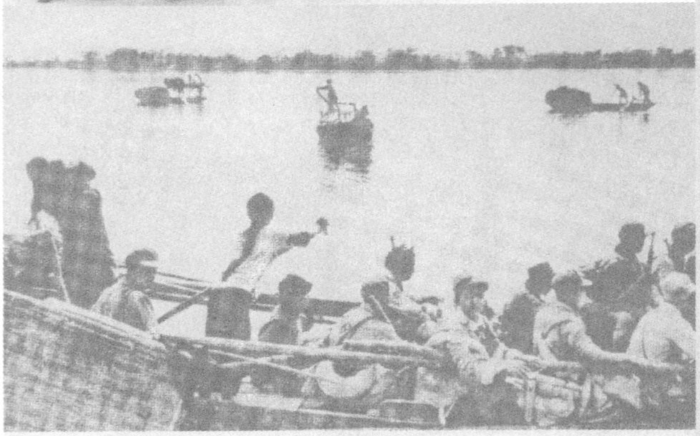
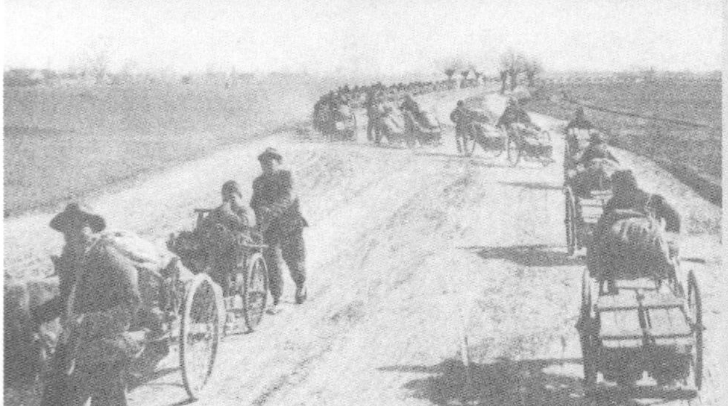

第一章

历史的"问"与"答"

"大团结就是大力量"
"政权是从枪杆子中取得的"
"指导伟大的革命,要有伟大的党"
终归还是人心

统一战线

统一战线，指中国工人阶级和中国共产党同其他进步的阶级、政党、团体和一切可以团结的力量结成的联盟。

在讲述毛泽东时代的中国的故事之前，需要弄清一个疑问：中国共产党为什么能够取得全国政权？

回答这个"历史之问"，就像是欣赏一幅油画。贴在近处，你看到的是颜料细节；退几步，你看到的是面容轮廓；再退几步，你看到是结构匠心；再细心体会，你才能发现它的审美旨趣。

中国共产党踏上自己选择的救国之路时，并没有握住什么神秘的制胜法宝。除了心中的信念，一无所有。而他必须去面对的是西方列强在中国的强大势力，各路封建旧军阀的强大势力，稍后，更有旧中国的执政党国民党这个强大势力。

怎样才能够壮大自己，战胜对手呢？毛泽东曾用一句湖南土话"草鞋没样，边打边像"来概括中国共产党人的艰辛探索过程。意思是，大目标当然都明白，但是找到成功的途径和法宝，则必须根据事态的发展和实践的要求，边干边学边总结，就像编制草鞋那样，预先没有成熟的图样，鞋子是在编制过程中一步一步形成的。

就这样，中国共产党最终掌握了克敌制胜的"神奇"法宝。概括起来，就是毛泽东总结出来的三样东西：统一战线、武装斗争和党的建设。

"大团结就是大力量"

中共建党时力量弱小，要推翻帝国主义和封建主义，只能同当时具有相同目标的国民党搞统一战线。毛泽东说过："要搞联合，搞团结，团结才有力量，大团结就是大力量。"[1]当然，这也是中共的上级领导共产国际的主张。

很巧，当时孙中山领导的国民党也正在谋划转型，双方一拍即合。不过两个阶级基础和思想基础不同的政党，其抵牾之痛，也时常发作。起初，一批共产党精英以个人身份加入国民党，帮助孙中山改组国民党，还是颇受器重的。

但国民党右派一直对共产党人心存疑忌，孙中山逝世后，排斥共产党人的声浪愈演愈烈。蒋介石在取得国民党军事大权后，一改赞成"联俄联共、扶助农工"的主张，转而限制共产党。1927年春夏，正当消除北方反动军阀的战争在共产党人协力配合下打得很顺利的时候，北伐军总司令蒋介石和国民政府主席汪精卫，先后和共产党断绝联盟关系，共产党员和工农群众遭到大规模屠杀。

血雨腥风里，一批共产党人的朋友离开了共产党，一批党内贪生怕死的动摇分子离开了共产党，甚至一批早期信仰过马克思主义、参加和领导了党的创建发展的先驱者，也离开了共产党。中共党员一下子从大革命高潮时的6万

大革命

大革命，指1924年至1927年，中国国民党与中国共产党合作，领导中国人民反对帝国主义、反对封建军阀的革命运动。

共产国际

共产国际，即第三国际，1919年3月在列宁领导下成立，1943年解散。中国共产党是1921年在共产国际帮助下成立的，1922年参加共产国际，成为它的一个支部。

1924年1月，中国国民党第一次全国代表大会召开，第一次国共合作正式形成。图为孙中山、李大钊与国民党一大代表步出会场。

---

[1] 中共中央文献研究室编：《毛泽东年谱（1893—1949）》（修订本）上卷，中央文献出版社，2013年版，第177—178页。

人，减少到1万多人。

国共合作的大革命失败，自有其客观原因。共产党也从自身找原因，承认力量弱小和经验不足，其中一个深刻的教训是，在统一战线中不能放弃思想影响和政治领导。

也许是国共合作失败的教训太深刻了，共产党在此后转入农村，发动农民，开展土地革命的过程中，又出现了"关门政策"，片面排斥民族资产阶级和小资产阶级，使进步力量在城市里发展不起来，导致中国共产党只能在农村孤军奋战。

中国共产党真正懂得"大团结就是大力量"的妙用，是1935年全国兴起反对日本帝国主义侵略的抗日救亡运动的时候。这年12月，中共中央在陕北瓦窑堡召开政治局会议，作出建立抗日民族统一战线的决策。毛泽东针对党内对民族资产阶级和大资产阶级的防范、拒斥情绪，提出：民族资产阶级也有参加抗日的可能，大资产阶级营垒也有分化的可能，要联合民族资产阶级抗日。

不过，要与追杀自己将近10年的国民党政权建立抗日民族统一战线，一时还难以找到门径。

1936年12月，绝好的历史机遇出现了。西安事变的和平解决，促使国共两党再度合作，建立抗日民族统一战线的政治进程终于启动。

当时毛泽东最为关注的是，中国共产党能否在新的统一战线中负起政治领导责任。他告诫全党：无产阶级在政治上变成资产阶级尾巴而导致革命失败的历史不应当重复了。

整个抗日战争时期，中国共产党始终坚持团结国民党共同抗战的方针，发展进步势力、争取中间势力、孤立顽固势力，即使付出了皖南事变那样的代价，仍以斗争求团结，确保统一战线不至于破裂。

当时中共力争团结的对象成分很复杂，既包括农民和小资产阶级，又包括地主、民族资产阶级、开明士绅、地方实力派和海外华侨中的爱国人士，当然也包括在经济上和西方资本存在千丝万缕关系的大资产阶级。这些政治力量既有合作抗日的共同要求，又同中共的信仰主张存在分歧。

因此，如何扎实地开展广泛的统一战线工作，团结一切可能的革命的阶级和阶层共同抗日,是件很复杂的事情。中共既要在抗日战争中发挥中流砥柱作用(比如,开辟敌后战场,在侵华日军背后建立许多根据地),还要用自己的政治主张来影响人们,甚至用自身的人格力量来感染人们。

中共党内,直接领导统一战线工作的周恩来,在国民政府陪都重庆,做了大量争取和团结各界社会名流的工作,使他们逐渐消除了对共产党的疑惧,逐步接受中共的主张。比如,工商界领袖胡子昂曾回忆:"他(周恩来)和工商界接触,开一次会,谈一次话,都令人感动。"

中国共产党以自身的形象赢得了各界信任。1940年,爱国侨领陈嘉庚到延安访问。在一次晚餐上,毛泽东只用白菜、咸萝卜干和一碗鸡汤招待他们。毛泽东满怀歉意地说:"我没有钱买鸡,这只鸡是邻居老大娘知道我有远客,特地送来的。母鸡正下蛋,她儿子生病还舍不得杀呀!"共产党人的日常生活,让陈嘉庚感触很深。他事后表示:"我未往延安时,对中国前途甚为悲观,以为中国的救星尚未出世,或还在学校读书。其实此人已经四五十岁了,而

1937年5月,延安城墙挂起欢迎国民政府中央调查团的标语,呼吁与国民党一致抗日。

西安事变

1936年,以张学良为首的国民党东北军和以杨虎城为首的国民党第17路军,要求蒋介石停止"剿共"内战,一致抗日,遭到蒋介石强硬拒绝。12月12日,张、杨在西安附近的临潼扣押了蒋介石。事变发生后,中国共产党派周恩来赴西安,与张学良、杨虎城共同努力,经过谈判,迫使蒋介石作出"停止剿共,联红抗日"的承诺。西安事变得到和平解决,促进了抗日民族统一战线的形成。

皖南事变

1940年10月,国民党当局强令长江南北和黄河以南的新四军、八路军全部开赴黄河以北。中国共产党一方面驳斥这一无理要求,一方面从维护抗日大局出发,答应将安徽南部的新四军部队调到长江以北。1941年1月,皖南的新四军9千余人向江北转移。部队行至安徽泾县茂林地区,遭到国民党军队8万余兵力的突然袭击。新四军官兵经过7个昼夜浴血奋战,弹尽粮绝,除小部分突围外,大部分牺牲或被俘。军长叶挺被扣,副军长项英、副参谋长周子昆遇害,政治部主任袁国平牺牲。

1937年5月，延安市内关于共同抗日的政治标语。

且已做了很多大事了，此人现在延安，他就是毛主席。"[1]

坚定踏实的抗日言行和民主朴素的作风，产生了很大的吸附效应。据国民政府教育部统计，抗战前全国专科以上学校在校学生有42922人，至1940年减至30000余人。大约有12000多学生流失，其中主要是奔赴中国共产党的大本营延安。[2]

中国共产党的抗日民族统一战线政策，成为中国人民抗日战争取得胜利的决定性政治战略。在接下来的人民解放战争中，中国共产党在统一战线方面更加得心应手，使跟随中国共产党的队伍越来越长。抗战胜利后，当时的各民主党派为了在未来中国政治版图上占有一席之地，希望中国走向议会民主之路。1946年政治协商会议期间，他们穿梭于国共之间，一边呼吁国民党能够兑现民主承诺，不要打内战，一边希望中共不要"另起炉灶"。毛泽东用国民党挑动内战的事实告诉他们：不是我们要"另起炉灶"，是国民党的炉灶里不许我们做饭。同时，国民党对爱国民主力量的镇压，也擦亮了民主党派人士的眼睛。仅1947年10月，上海、杭州、北平等8个城市就有2100余人惨遭国

---

[1] 陈碧笙、杨国桢：《陈嘉庚传》，福建人民出版社，1981年版，第79页。
[2] 参见朱鸿召：《延安缔造》，陕西出版传媒集团、陕西人民出版社，2013年版，第2页。

民党当局杀害，全国被列入黑名单准备加以逮捕的竟达 6 万人。

中共领导人的坦诚和国民党政权的独裁，使各民主党派人士开始放弃幻想，逐渐认识到，企图在国共矛盾中不讲是非、片面追求政治中立是行不通的，于是开始了与中共更为紧密的政治合作。

1948 年 1 月，在国民党与中国共产党之外最大的政治力量中国民主同盟，宣告接受中国共产党的领导。其他民主党派和团体，也相继明确表示了参加中国共产党领导的新民主主义革命的立场。他们响应中共召开新政治协商会议、协商建国的号召，在人民民主的旗帜下，共同迎接新中国的诞生。

"政权是从枪杆子中取得的"

在不民主的旧中国要取得政权，终归要靠枪杆子。遗憾的是，在中共成立初期，人们忽略了这一点。直到 1927 年大革命失败后，中国共产党人才真正认识到武装斗争的重要性。毛泽东就是在 1927 年 8 月 7 日召开的中央紧急会议上，说出"政权是从枪杆子中取得的"这句名言的。

1927 年大革命失败后，中国共产党发动了上百次武装起义，其中最著名的有南昌起义、秋收起义、广州起义。这些武装斗争，都是仿照俄国十月革命的模式，为夺取中心城市而发动的。当时绝大多数共产党人还没有认识到，中国革命与俄国十月革命不同：在半殖民地半封建的中国，反动势力很强大，他们占据着中心城市，而城市工人阶级的数量十分有限，同情革命的农民还没有发动起来。这就

另起炉灶

"另起炉灶"是一句俗语，指当时各民主党派人士希望中国共产党同国民党政府通过谈判成立民主联合政府，而不是另外单独建立一个政权。

南昌起义、秋收起义、广州起义

1927 年 8 月 1 日，周恩来、贺龙、叶挺等人在江西南昌发动武装起义，打响了武装反抗国民党反动派的第一枪，开始了中国共产党独立领导革命武装斗争的新时期。起义部队撤离南昌后南下广东，遭优势敌军围攻而失败。1927 年 9 月间，毛泽东在湖南、江西边界领导的秋收起义，在进军长沙途中失利，转而到井冈山建立了第一个农村革命根据地。1927 年 12 月，张太雷和叶挺、恽代英、叶剑英等人在广州领导起义，成立了广州苏维埃政府。几天后，起义因国民党军队反扑而失败。

注定了在中心城市举行武装暴动不可能成功。

毛泽东的想法与当时大多数人不同。1927年8月7日那次中央紧急会议后，主持党中央工作的瞿秋白邀他去上海中央机关工作，他拒绝了，说自己"愿到农村去，上山结交绿林朋友"。美国学者施拉姆认为，在当时中国以农村中农民暴动形式出现的社会革命中，毛泽东"是位最成功的倡导人和把农民暴动发展成为以农村为根据地开展游击战的人"。[1]

毛泽东走出了一条新路。他领导秋收起义夺取长沙失败后，排除各种干扰，带领队伍来到湘赣边界的井冈山地区实行武装割据。他曾比喻说，革命要有根据地，好像人要有屁股一样。一个人假若没有屁股，便不能坐下来，老

1927年9月，毛泽东在湘赣边界领导发起秋收起义，10月率部来到井冈山，创建了第一个农村革命根据地。1928年4月下旬，朱毛两军会师，合编为工农革命军第四军。图为1931年毛泽东（左一）和警卫战士合影。

---

[1][美]施拉姆：《〈毛泽东的思想〉导言》，《施拉姆集》，天津人民出版社，1993年版，第6页。

是走着、站着，当然不会持久。[1]

毛泽东在井冈山与朱德、陈毅率领的南昌起义余部会师后，从自身条件出发，开展了灵活机动的游击战。毛泽东和朱德还共同总结出"敌进我退，敌驻我扰，敌疲我打，敌退我追"的游击战16字原则，成为有效指导红军作战的战略战术方针。

朱、毛领导的这支军队，人员结构复杂，有不少旧军人的习气和绿林好汉作风，再加上生存条件异常艰苦，纪律松弛，时常发生逃散情况。怎样把这支军队改造成共产党领导的人民军队，毛泽东费了不少心思。

一个很重要的举措，是在每个连队都建立党支部。这样做的好处是，只要有党员在，部队就有灵魂。1929年12月，毛泽东在福建省上杭县古田镇主持召开的红四军第九次党的代表会议上，明确了红军的性质、宗旨和任务，确立了思想建军、政治建军和党对红军实行绝对领导的原则。2014年，中国人民解放军召开全军政治工作会议，也把地点选择在上杭的古田镇，可见75年前的那

古田会议旧址

---

[1] 宋俊生：《党和毛泽东的"上山"思想与实践》，《党史研究资料》，1986年第4期。

次会议，对中国共产党锻造出属于自己的新型军队多么重要。

红军很快发展起来。到 1934 年，全国红军总数接近 30 万人。各地红军身处四战之地，打退了国民党军队的反复"围剿"，硬是创建了大大小小 10 多块根据地。处于赣南闽西的中央根据地，便先后建立过 5 个省级和 250 多个县级苏维埃政权，各地还先后创建有 11 个省级或相当于省级的苏维埃政权。在全国，则有一个统一的中华苏维埃共和国，中央政府设在江西的瑞金，毛泽东是这个红色国家的主席。在血与火的时代，果然是"枪杆子里面出政权"。

但当时的中央领导人不赞成毛泽东的一些政策主张，还觉得他不怎么听话，便剥夺了毛泽东的军事指挥权，换上一个拥有军事顾问头衔、中文名字叫李德的奥地利人来指挥。这个善于打街垒战的共产国际党员，抛弃了毛泽东和朱德此前屡试不爽的游击战法，结果使红军在试图打破国民党军队对中央根据地的第五次"围剿"时，遭到空前失败。红军和红色国家的全部机关不得不踏上没有确切目的地的长征之路。

长征途中，红军的人数越打越少。在几乎是陷入绝境的情况下，中共中央于 1935 年 1 月中旬，在贵州的遵义召开政治局扩大会议，第一次在没有共产国际的干预下，独立自主地撤换了共产国际指定的负责人和军事指挥者，确立了毛泽东在党和红军中的领导地位。

毛泽东一复出，红军打仗的风格顿时机动灵活起来，迅速扭转了被动局面。与此同时，在南方的其他红军主力，也先后从各自的根据地突围，往西北方向长征。从 1934 年 10 月至 1936 年 10 月，红一、二、四方面军和红二十五军

苏维埃

苏维埃，是俄文 COBET 的音译，意即会议或代表会议，是俄国十月革命后的权力机关的名称。中国第二次国内革命战争时期，中国共产党在各地建立的革命政权也称"苏维埃政权"，其地区称"苏维埃区域"，简称"苏区"。

长征到达陕北后,红一方面军和红十五军团部分干部合影。

4 支部队,总计转战 6.5 万余里,先后到达陕西北部和甘肃东部,人数只剩下近 3 万。

红军虽然人数少了,却已百炼成钢。1937 年 7 月全民族抗日战争爆发后,根据国民党和共产党达成的协议,这支部队改编为国民革命军第八路军,共产党留在南方的红军和游击队改编为国民革命军新编第四军。

八路军、新四军装备很差,人数才 5 万多人,怎样才能在抗日战争中发挥自己的优势呢?毛泽东在给前方领兵抗敌的八路军副总司令彭德怀的电报中提出:"今日红军在决战问题上不起任何决定作用,而有一种自己的拿手好戏,在这种拿手戏中一定能起决定作用,这就是真正独立自主的山地游击战。"[1] 具体就是游与击结合,军队分散的时候可以发动群众,集中的时候则可消灭敌人。

开始的时候,中国共产党的战法引起非议,被国民党

红军转战 6.5 万余里

根据行军里程累计,红一方面军 2.5 万里,红二方面军 2 万余里,红四方面军 1 万余里,红二十五军近 1 万里。

---

[1] 毛泽东:《关于实行独立自主的山地游击战方针》(1937 年 9 月 21 日),《毛泽东文集》第 2 卷,人民出版社,1999 年版,第 19 页。

共产党为争取国内和平民主让步

当时，在国共谈判和政治协商会议中，中共中央已决定周恩来拟任国民政府行政院的副院长，还考虑将中共中央驻地从延安迁到江苏淮阴并开始选址。解放区的复员整军工作也已采取了实际步骤。华南东江纵队整个解散，2万多人中只有3千人通过美国军舰撤到山东解放区，其余人全部就地复员。晋察冀部队原有野战军9个纵队26个旅，加上地方部队共32万多人，率先复员了10多万人。

指责为"游而不击"。为此，毛泽东撰写了《论持久战》和《抗日游击战争的战略问题》等文章，产生极大反响。连国民党著名军事家白崇禧都非常认同《论持久战》的分析，认为"积小胜为大胜，以空间换时间"，乃取胜之道。中国人民的抗日战争，随后形成了中国共产党领导的敌后战场与国民党领导的正面战场同时并存，内线外线支撑配合的战略格局。

敌后战场抗击了侵华日军兵力的58%到75%和几乎全部伪军，一共对敌作战12.5万次。中国共产党领导的武装力量发展到132万人。还是那句话，"枪杆子里面出政权"，经过抗日战争，中国共产党在敌后建立了19块约100万平方公里、近1亿人口的抗日根据地。

抗战胜利后，尽管中国共产党一心想建立联合政府，为争取国内和平民主作出了很大让步。但国民党的想法是，卧榻之侧，岂能让他人安睡，于是派军队进攻共产党领导的根据地，最终于1946年6月发动全面内战。国民党方面还宣称，三个月内即可消灭共产党！

行棋至此，中国的前途也只能在战场上见分晓了。当时，国民党军总兵力约430万人，其中正规军约200万人；人民解放军总兵力约127万人，其中野战军61万人。两军不仅装备对比悬殊，国民党政府控制的资源和人口，更是中共无法相比的。

敌强我弱的态势尽管明显，但胜负还是要靠战略战术。一开始，人民解放军致力于积极防御和内线作战，顶不住的地方，就果断放弃，不和国民党军队争一城一地的得失，为此，连中共中央所在地延安也放弃了。这样做的结果是，让国民党军队不得不派大量军队守卫他占领的地区，真正投入作战的部队越来越少。而人民解放军则聚集优势兵力

1937年7月13日,毛泽东在延安共产党党员大会上,发出随时准备到抗日前线的号召。

大量歼灭分处各地的敌军。

结果,打到1947年底,中共军队便走出了低谷,争取到有利的战略态势。毛泽东兴奋地说:"这是一个历史的转折点。这是蒋介石的20年反革命统治由发展到消灭的转折点。"[1]而蒋介石在1948年2月23日的日记中也写道:"今日环境之恶劣为从来所未有,其全局动摇,险状四伏,似有随时可以灭亡之势。"

此后,人民解放军在东北、中原和华北地区连续发起

---

[1] 毛泽东:《目前形势和我们的任务》(1947年12月25日),《毛泽东选集》第4卷,人民出版社,1991年版,第1244页。

1949年，众多船工为渡江战役的胜利起到了不可或缺的作用。

辽沈、淮海和平津三大战役，基本上摧毁了国民党的主要军事力量。1949年4月，人民解放军发起渡江战役占领南京，国民党延续22年的政权在中国大陆覆灭了。

在20多年的武装斗争生涯里，中国共产党就这样用枪杆子打出了一个新世界。因为长期处于弱势，毛泽东把他的制胜兵道简单概括为：你打你的，我打我的，打得赢就打，打不赢就走。这样的兵道，不经历中国革命战争的特殊实践，是很难体会和运用的。

"指导伟大的革命，要有伟大的党"

参加中共一大的13名中共代表中，既有前清秀才和小学老师，也有大学生和中学生，都是在五四运动中接受了马克思主义的知识分子。他们身无长物，但充满理想。当时中国产业工人只有200余万，农民和其他小资产阶级群众占人口的绝大多数。中国共产党自诞生之日起，就处在小资产阶级的汪洋大海之中，怎样建设一个政治上成熟、能够指导中国革命取得胜利的政党，在实践和理论上都是大难题。

毛泽东1945年在中共七大的口头政治报告中曾说过："我们党有两次变小过，大起来又小了，大起来又小了。头一次，五万多党员剩下没有多少；后来一次，三十万党员也剩下没有多少。……现在又大起来了，小指头变成了拳头，今后不要再让它变小了。"

经历1927年的大革命失败后，中国共产党似乎对"软弱""退让"的右倾机会主义有了一定的免疫力。可在土地革命时期，中国共产党由于对中国国情的复杂性和革命的长期性、艰苦性、不平衡性认识不足，总想在短时间内取得革命胜利，不懂得怎样按客观规律办事，又接连发生三次"左"倾错误。

当时，中国共产党几乎无条件地接受共产国际的指挥，不敢轻易加以怀疑。党内"左"倾领导人只知机械地执行共产国际指示，教条主义地照搬俄国革命经验，加上自身的主观主义，使中国共产党接连对形势作出误判，结果一次又一次地吃了大亏。

毛泽东下决心不使这样的状况再继续下去。当中国共产党在三次"左"倾错误的漩涡中沉浮的时候，他深入中国农村搞社会调查研究，逐步探索出工农武装割据、建立农村革命根据地、以农村包围城市的革命道路。但这种主张并没有成为全党共识，当时的中国共产党还没有成熟到独立自主、实事求是地去把握中国革命规律的程度。

共产党两次"变小"
中国共产党在1927年大革命和土地革命反国民党军队"围剿"两次失败后，党员人数急剧减少。

三次"左"倾错误
三次"左"倾错误，指1927年11月至1928年4月以瞿秋白为代表的"左"倾盲动错误，1930年6月至9月以李立三为代表的"左"倾冒险错误，1931年1月至1935年1月遵义会议前以王明、博古为代表的"左"倾教条主义错误。

遵义会议旧址

中国共产党人的集体自觉和真正独立自主，是从长征途中的遵义会议开始的。长征胜利后，党的组织逐步恢复，到1938年底，全国党员人数从全国抗战爆发时的4万多人增加到50多万人。但由此带来一些问题，比如，组织还不巩固，许多党员干部在思想上不够成熟，缺乏必要的马克思列宁主义的教育，党的历史经验也没有很好地总结，等等。

加强党的建设，成为毛泽东关注的焦点。1938年10月，他在中共六届六中全会上提出一个重大命题："马克思主义中国化"。一年后，又发表题为《〈共产党人〉发刊词》的文章，明确了"建设一个全国范围的、广大群众性的、思想上政治上组织上完全巩固的布尔什维克化的中国共产党"的总目标，并把实现这个目标的过程比喻为"伟大工程"。他还要求，必须按照马列主义普遍真理和中国革命具体实际相结合的原则来建设党。

1942年，中共在全党范围内开展反对主观主义、宗派主义和党八股的整风运动。所谓整风，就是整顿不好的风气，树立好的风气，根本上是要克服当时共产党内看问题办事情习惯从书本出发、从原则出发、从教条出发的思想

党八股

八股文，是中国明、清封建王朝考试制度所规定的一种特殊文体，因有八段固定格式而得名。这种文体内容空洞，专讲形式，玩弄文字。党八股，是指中国共产党内某些人在写文章、发表演说或者做其他宣传工作的时候，对事物不加分析，只是胡乱搬用一些革命的名词和术语，言之无物，空话连篇。

方法。具体做法是：全体党员干部认真阅读中央开列的整风文件，并且要写学习笔记，联系自己的思想和经历以及所在地区部门的工作进行检查，在会议上开展批评和自我批评。如果曾经犯了错误，就要弄清犯错误的环境、性质和原因，提高思想认识。这种党内教育方式延续至今，是中国共产党在自身建设方面的一大创造。

这场触及灵魂的马克思主义思想教育运动，坚持马克思主义同中国实际相结合，使实事求是的思想路线在全党范围内深入人心。更重要的是，通过这场整风运动，在土地革命时期犯过"左"倾错误的领导人，都认识到过去那种教条主义思想方法是错误的；抗日战争爆发后大批新入党的知识分子，也接受了一次严格的党内政治生活的洗礼，党员干部的素质得到空前的提升。此后，中国共产党之所以能够在弱小的情况下，打败强大的国民党军队，靠的正是这批骨干力量。

通过整风，全党还实现了在以毛泽东为核心的中共中央领导下的新的团结和统一。毛泽东在1935年的遵义会议上复出，主要还是军事领导人。1938年召开六届六中全会时，被共产国际明确为中共党内的最高政治领导人。整风前后，毛泽东写出《新民主主义论》等一批理论著作，形成了毛泽东思想。这样一来，中国共产党可以说是真正成熟了。

成熟的中国共产党，前途是光明的。但毛泽东的内心却更加谨慎。恰巧他读到了历史学家郭沫若发表的文章《甲申三百年祭》，立刻批示印发全党，作为整风文件认真学习，意在提醒中国共产党决不能重犯胜利时骄傲的错误。

带着这样的思考，毛泽东在1945年召开的中共七大上提出理论联系实际、密切联系群众、批评和自我批评的党

《甲申三百年祭》

《甲申三百年祭》，是郭沫若为纪念明朝末年李自成领导的农民起义军进入北京推翻明王朝300周年而写的。文中说明，1644年李自成的农民起义军进入北京以后，它的一些首领因为胜利而骄傲起来，生活腐化，进行宗派斗争，以致这次起义很快失败。

1945年，中国共产党第七次全国代表大会在延安召开。

的三大作风。党的七大和七届一中全会还做了三件重要的事情：明确在取得抗日战争胜利后中国共产党的基本政策；把毛泽东思想确定为全党的指导思想；选举毛泽东、刘少奇、周恩来、朱德、任弼时为中央书记处书记，形成以毛泽东为核心的中国共产党第一代中央领导集体。

成熟的中国共产党，就这样以出乎意料的速度取得全国胜利。解放全中国的战争，原来准备打5年，结果只打了3年。在胜利面前，毛泽东还不放心，他告诫说："夺取全国胜利，这只是万里长征走完了第一步。"

这番话是对即将执政的中国共产党说的。到1949年底，中共党员有450万名，组建有华北、东北、西北、华东、中南、西南6个中共中央局，山东、新疆、内蒙古、华南4个中共中央分局，这些中央局或分局在本级行政区中是最高负责机关，统一领导地方的各项工作。

终归还是人心

一位美国学者认为："1949年的结局表明，不是苏联的援助比美国多（事实恰恰相反），问题在于中共能够动员和利用革命的潜力，国民党却办不到。"[1]

中国革命的最大潜力，是占全国人口绝大多数的农民。早在1925年国共合作的大革命进入高潮时，毛泽东就宣称，国民革命的中心问题应该是农民。这样的判断犹如空谷足音，当时并没有引起人们的足够重视。随着认识的不断加深，1936年，毛泽东又对美国记者斯诺说：谁赢得了农民，谁就会赢得中国。谁解决土地问题，谁就会赢得农民。

相比而言，国民党尽管早就提出了"土地国有""平均地权"的主张，但口惠而实不至，只能在历史上留下"画饼"之讥。

1927年大革命失败后，毛泽东义无反顾地走向农村搞土地革命。具体办法是，没收一切公共土地和地主阶级的土地，按人头平均分配给全体农民。分田后，农民可以对

第二次国内革命战争时期，湘鄂西革命根据地宣传土地革命的标语。

---

[1]〔美〕费正清：《美国与中国》（第4版），商务印书馆，1987年版，第248页。

土地所有权租赁买卖，土地收获除给政府交土地税外，均归农民所有。这样的土地政策，赢得了农民的支持，大批农民由此参加了红军队伍。

在抗日战争中，为发动各阶级民众投入全民族抗战，中共适时停止了没收地主土地的政策，普遍实行减租减息、交租交息。从1939年冬天起，中国共产党领导的各抗日根据地相继开始将原地租减少25%；减息的办法是规定年利率一般为10%，最高不得超过15%。正租以外的杂租、劳役和各种形式的高利贷一律取缔。这种土地政策改善了民生，发展了生产，调动了包括地主在内的人民的抗日积极性，使敌后抗战获得长期支撑。

根据地的农民还被抗日民主运动所吸引。抗日民主政府在工作人员组成上实行"三三制"，即共产党员大体占1/3，左派进步分子大体占1/3，中间分子和其他分子大体占1/3。各级政权机构的领导人都经过人民选举产生。中国农民平生第一次拿到选票，按照自己的意愿选出真正信任的人当干部。

作家赵树理在1943年创作的小说《李有才板话》中，具体描述了当时晋冀鲁豫根据地民主选举的情形：阎家山村改选村长，"大家先提出三个候选人，然后用投票的法子从三个人中选一个。投票的办法，因为不识字的人很多，可以用三个碗，上边画上记号，放到人看不见的地方，每人发一颗豆，愿意选谁，就把豆放到谁的碗里去"。这样独特的选举，是中国共产党从国情出发的伟大创造。

当时的美国驻华外交官发现："共产党的政府和军队，是中国近代史中第一次有积极的广大人民支持的政府和军队。它们得到这种支持，是因为这个政府和军队真正是属于人民的"[1]，由此预言，除非国民党能够取得同样的成绩，在短短几年中，共产党"将成为中国唯一的主导力量"。

在随后的解放战争中，阶级矛盾突显了出来，中国共产党花了很大精力来调整土地政策。1946年5月4日，中共决定将抗日战争期间的减租减息政策，改变为"耕者有其田"。1947年9月，中共的第二把手刘少奇又主持召开全国土地会议，决定普遍彻底平分土地，并颁布了影响深远的《中国土地法大纲》。

---

[1] 世界知识出版社编：《中美关系资料汇编》第1辑，世界知识出版社，1957年版，第590页。

1948年4月1日，毛泽东把中共的土地政策概括为："依靠贫农，团结中农，有步骤地、有分别地消灭封建剥削制度，发展农业生产，这就是中国共产党在新民主主义的革命时期，在土地改革工作中的总路线和总政策。"这年秋季，大约1亿人口的解放区完成了消灭封建生产关系的社会变革。

亲历解放区土地改革的美国作家韩丁说："新发布的《土地法大纲》在1946年至1950年中国内战期间的作用，恰如林肯的《黑奴解放宣言》在1861年至1865年美国南北战争期间的作用。"[1]

陕北农民王德彪说，从前他父亲给人家扛活，他给人家放羊，土改后他种着自己的地，他父亲放着自己的羊；从前全村有地百余垧，30户中除4户有地外，其余全是佃户，土改后全村有地468垧，38户中没有一家没地的，并且绝大部分上升为中农。[2]

上海的《密勒氏评论报》曾预言，"（中国）内战战场的真正分界，是在这样两种不同的地区中间：一种是农民给自己种地，另一种是农民给地主种地"，这"不但决定国共两党的前途，而且将决定这个国家的命运"。

亿万翻身农民迸发出了难以估量的热情，他们踊跃参军参战，支持中国共产党打仗。参加淮海战役前线指挥的陈毅曾形象地总结说："淮海战役的胜利是人民群众用小车推出来的。"毛泽东归纳得更为精炼："有了土地改革这个胜利，才有了打倒蒋介石的胜利。"

就在中国共产党在解放区实行"耕者有其田"，赢得民心的时候，国民党却上演了一出出自毁长城的闹剧——国民党

> **垧**
>
> 垧，是中国旧时土地面积单位，各地不同，东北地区多数地方1垧合15亩，西北地区1垧合3亩至5亩。

---

[1]［美］韩丁：《翻身——中国一个村庄的革命纪实》，北京出版社，1980年版，第7页。
[2]沈毓珂：《新农民，新农村——政协代表王德彪访问记》，《人民日报》，1949年9月23日。

淮海战役期间中原人民支援解放军的架子车队,把弹药运往前线。

官员到沦陷区接收时,大搞"劫收",巨额敌伪资产被官僚资本集团占有和瓜分。有人曾忧心忡忡地向蒋介石进言:"像这样下去,我们虽已收复了国土,但我们将丧失了人心。"[1]

而国民党政府的作战军费开支已占到财政支出的80%。为弥补巨额赤字,不得不制造通货膨胀,使物价飞涨,民

三大战役解放区人民支前情况统计表

战役名称		辽沈战役	淮海战役	平津战役
类别	单位	数量		
支前民工	人	1830000	5430000	8860000
担架	付	137000	206000	363000
大小车辆	辆	129000	881000	1010000
牲畜	头	300000	767000	2067000
粮食	担	11000	43476	85426

资料来源:刘少奇同志纪念馆

---

[1] 邵玉麟:《胜利前后》,台湾传记文学出版社,1967年版,第76页。

不聊生。美国驻华大使司徒雷登1947年9月给国务卿马歇尔的报告中，就说当时国民政府统治区域的通货膨胀达到了64%，"现在，中央政府犹如病入膏肓的病人，衰弱不堪"[1]。

为挽救危机，1948年8月19日，国民党政府又开始发行金圆券，以强制手段兑换老百姓手中的黄金、白银和外币。深受法币贬值之苦的民众在银行门前排起了长龙。连京剧大师梅兰芳也把自己一生积攒的200多两黄金兑换成了金圆券。据统计，仅用一个月的时间，上海中央银行从百姓手中搜刮的黄金、白银、外汇共计3.73亿美元。

几个月后，国民党政府的币制改革全面失败，金圆券变成了废纸，国民党的倒台不可避免。曾担任中华民国"副总统"、国民党副总裁的陈诚在晚年谈到币制改革时说："这件事影响士气人心太大了。大家都对政府失掉了信心，政府的施政，恰与人民的利益，背道而驰。在这种情形之下，戡乱军事，如何还能够看好？"

随着国民党政府政治经济的全面崩溃，到三大战役结束时，属于毛泽东时代的新中国，已经呼之欲出了。

---

[1] 范泓:《王云五与"金圆券风潮"》,《在历史的投影中》,秀威资讯科技股份有限公司,2008年版,第2页。

"万方乐奏有于田",于田人民欢庆解放

第二章

新中国"新"在哪里?

民族独立新形象
人民解放新面貌
国家统一新局面

中国人民政治协商会议

中国人民政治协商会议，当时又称"新政协"，以区别于1946年1月国民党召开的政治协商会议。中共中央在1948年4月30日发布的纪念"五一"劳动节口号中，号召"各民主党派、各人民团体、各社会贤达迅速召开政治协商会议，讨论并实现召集人民代表大会，成立民主联合政府"。1949年9月，中国人民政治协商会议举行第一届全体会议，代行全国人民代表大会的职权，制定了《中国人民政治协商会议组织法》《中国人民政治协商会议共同纲领》《中华人民共和国中央人民政府组织法》，选举了以毛泽东为主席的中央人民政府委员会，宣告了中华人民共和国的成立。1954年9月召开第一届全国人民代表大会第一次会议之后，中国人民政治协商会议不再代行全国人民代表大会的职权，但仍然是中国共产党领导下，团结全国各民族、各民主党派、各人民团体、国外华侨和其他爱国民主人士的人民民主统一战线组织。

1949年9月21日晚上，毛泽东在筹备成立中华人民共和国的中国人民政治协商会议第一届全体会议上，讲了这样几句话：

——我们的工作将写在人类的历史上，它将表明：占人类总数四分之一的中国人从此站立起来了。

——我们的民族将从此列入爱好和平自由的世界各民族的大家庭，以勇敢而勤劳的姿态工作着，创造自己的文明和幸福，同时也促进世界的和平和自由。我们的民族将再也不是被人侮辱的民族了。

——让那些内外反动派在我们面前发抖罢，让他们去说我们这也不行那也不行罢，中国人民的不屈不挠的努力必将稳步地达到自己的目的。

这些话讲得很硬气，很自豪。在10月1日中华人民共和国举行开国大典的当天，新成立的中央人民政府就明确宣告："本政府为代表中华人民共和国全国人民的唯一合法政府。凡愿遵守平等、互利及互相尊重领土主权等项原则的任何外国政府，本政府均愿与之建立外交关系。"

面对此情此景，新中国的中央人民政府副主席、在国民政府时期有"国母"之称的孙中山夫人宋庆龄说："这是一个历史的跃进，一个建设的巨力，一个新中国的诞生！我们达到今天的历史地位，是由于中国共产党的领导。这是唯一拥有人民大众力量的政党。"[1]

这一年，毛泽东56岁。从那时起，人们习惯把毛泽东

---

[1]《中国人民政治协商会议第一届会议各单位代表讲话》，《人民日报》，1949年9月22日。

1949年9月，出席政协第一届全体会议的中共代表。

时代的中国，称为"新中国"。

新中国，到底"新"在哪里呢？

民族独立新形象

海关，作为对出入境的一切商品和物品进行监督、检查，并照章征税的政权机构，是国家主权的体现。然而，自1853年清朝政府被迫让外国人担任上海税务司、总税务司起，中国的海关大权就一直掌握在外国人手中，一个叫赫德的英国人担任中国的总税务司48年。1927年12月19日，上海江海关税务司、英国人梅乐和搬到上海海关大楼办公时，曾用戒指上的钻石在窗户玻璃上刻下了自己的名字，无意中刻下外国人把持中国海关近百年的历史印记。

新中国成立还不到一个月,主管经济工作的中央财经委员会主任陈云,就在海关人员代表座谈会上说:把百年来帝国主义所把持的海关,变为为人民服务的、完全自主的、有利于新民主主义国计民生的海关,是带根本性的大变革。曾在旧海关总署任职的丁贵堂在会上诚恳地表示:"我们早先以为海关的事没有我们就办不了,现在我们知道没有老海关人员也照样能办。"[1]

中央政府组建了海关总署,参加过长征的老红军孔原就任第一任海关总署署长,丁贵堂也担任了副署长。从此,中国国门的钥匙,真正放进了中国人自己的口袋。

1950年1月19日,《人民日报》的一则消息让人感到格外兴奋。消息称:1月7日,北京市军管会向美国、法国、荷兰的驻华领事发出命令,着其按期腾交他们在中国领土上保留的兵营,不得延误。随后,1900年八国联军入侵中国后,在北京、天津、上海等地占地建造的所有兵营地产,被新中国政府收回。在旧中国做过警察的周崇儒高兴地说:"中国的土地由中国人民收回来是天经地义的事,中国人民有了自己的政府,哪里还能让帝国主义在中国设兵营,一切不平等的条约都应该打倒。"[2]

好消息纷至沓来。1950年7月,政务院财政经济委员会发布关于统一航运管理的指示,规定外国轮船一般不准在中国内河航行,只有在特定条件下经政府有关部门批准,悬挂中国国旗,严格遵守中国的法令和规定方可驶入;同时,对在华外轮实行逐步接管。从此,中国恢复全部领水主权。

朝鲜战争开始后,美国宣布管制和冻结中国在美的公私财产及存款、物资。新中国针锋相对,随即发布管制美国财产和冻结美国存款的命令,同时宣布征用英国在大陆各地的公私财产。随着外国在中国大陆的企业日渐衰落,西方列强在中国的经济残余基本上被清除。同时,外国政府、私人和团体的宣传机构也被逐步清理。

新中国一天天树立起独立自主的新形象。正如中央人民政府总理周恩来所

---

[1]《中央财政经济委员会举行海关人员代表座谈会,苏联专家报告苏联海关的组织与任务。陈云主任指示努力建设人民的新海关》,《人民日报》,1949年10月26日。
[2]《京市各界人民兴奋鼓舞 拥护收回外国兵营地产 认为人民政府这种爱国行动是真正代表了人民利益 维护了国家主权》,《人民日报》,1950年1月20日。

说：民族独立，就是"不会置身于一个国家的影响之下"[1]，"任何国家都不能干涉中国的内政"[2]。

新中国的缔造者，亲身感受过旧中国的屈辱外交，为此，他们始终把"和平""主权""独立""平等"这些今天看来是理所应当的国与国之间的交往原则，作为处理国与国关系的"生命线"。曾经当过记者的毛泽东，还用他擅长的形象语言描绘了建国初期的三大外交政策："另起炉灶""打扫干净屋子再请客""一边倒"。

"另起炉灶"，意思是不承认国民党政府签订的不平等条约，要在主权平等的基础上同各国建立外交关系。"打扫干净屋子再请客"，意思是要先把西方列强在中国的残余势力清除掉，再考虑和这些国家建交的问题。"一边倒"，则是在外交战略上倒向承认新中国并提供援助的以苏联为首的社会主义阵营。

新中国成立后，中国人激发起强有力的民族自尊、自信和自豪，格外重视维护民族独立、捍卫国家主权和民族尊严。于是，当朝鲜战争的战火烧到鸭绿江边的时候，为了国家安全和民族尊严，国力甚弱的新中国勇于面对世界上的头号强国美国，这是以前既不敢想、也不敢干的事情。

1956年，毛泽东曾深有感触地说："有些人做奴隶做久了，感觉事事不如人，在外国人面前伸不直腰，像《法门寺》里的贾桂一样，人家让他坐，他说站惯了，不想坐。在这方面要鼓点劲，要把民族自信心提高起来。"[3]

毛泽东说的"外国人"，自然也包括当时的盟国苏联。尽管同处于社会主义阵营，许多方面需要苏联援助，但在中苏结盟后，周恩来仍然着重提醒，我们与苏联"并不是没有差别"，不能盲从，不能依赖援助，不能没有批评，"不能把自己党和国家的独立性失掉"。[4]

在中苏结盟的时候，新中国领导人对涉及主权独立的事格外敏感。1958年4月和7月，苏联政府先后向中国提出，在中国境内共同建设、共同拥有、共

---

[1] 中共中央文献研究室编：《周恩来年谱（1898—1949）》（修订本），中央文献出版社，1998年版，第697页。
[2] 周恩来：《关于和平谈判问题的报告》（1949年4月17日），《周恩来选集》上卷，人民出版社，1980年版，第322页。
[3] 毛泽东：《论十大关系》（1956年4月25日），《毛泽东文集》第7卷，人民出版社，1999年版，第43页。
[4] 裴坚章主编：《研究周恩来——外交思想与实践》，世界知识出版社，1989年版，第5页。

贾桂

贾桂,是京剧《法门寺》中明朝宦官刘瑾的亲信奴才。戏中有这样一个情节:郿坞县县令赵廉向贾桂行贿,贾桂就在刘瑾面前为赵廉说情开脱。当赵廉去见刘瑾时,刘瑾叫赵廉坐,赵廉请贾桂也坐,贾桂回答说:"您倒甭让,我站惯了。"

同使用长波电台和联合舰队。毛泽东等中央领导人的意见非常明确:钱由中国出,技术和设备由苏联帮助,建成以后所有权归中国,共同使用。如果双方合办,搞"合作社",所有权各占50%,那中国政府宁可不办。毛泽东为此事还向苏联驻华大使尤金发了脾气,由于苏联方面不让步,此项动议胎死腹中。

独立自主从来是和自力更生联系在一起的。20世纪60年代初期,中苏关系破裂,当时担任中共中央总书记的邓小平表示,"中国共产党永远不会接受父子党父子国的关系","中国人民准备吞下这个损失,决心用自己双手的劳

1963年,以邓小平为团长、彭真为副团长的中共代表团,在参加中苏两党会谈后回到北京,受到毛泽东、刘少奇、周恩来、朱德等领导人的热烈欢迎。

动来弥补这个损失,建设自己的国家"。[1]

正是这位邓小平,后来成了中国改革开放的总设计师。他在回顾历史的时候,作了这样的总结:"中国在世界上的地位,是在中华人民共和国成立以后才大大提高的。只有中华人民共和国的成立,才使我们这个人口占世界总人口近四分之一的大国,在世界上站起来,而且站住了。"[2]

人民解放新面貌

1950年5月2日,中央人民政府副主席刘少奇给姐姐刘少懿写了一封家书。刘少懿在土地改革运动中被划为地主,多余的地被农民分了,托人向弟弟写信"诉苦"。刘少奇在回信中说:"人家说你们剥削了别人,那是对的。""你们以后应该劳动,自己作田,否则,你们就没有饭吃。"[3]

《中华人民共和国土地改革法》受到广大农民热烈拥护

新中国成立后,继续在新解放区推行废除封建土地剥削制度,实现"耕者有其田"的土地改革运动。1950年6月30日,《中华人民共和国土地改革法》公布施行,成为新区土改的法律依据。

到1952年底,除一部分少数民族地区及尚未解放的台湾外,新解放区的土地改革已基本完成。三年中,全国约有3亿多无地或少地的农民,无偿获得了7亿亩土地和相

---

[1] 宫力等:《毛泽东在重大历史关头》,中共中央党校出版社,1993年版,第260—261页。
[2] 邓小平:《对起草〈关于建国以来党的若干历史问题的决议〉的意见》(1980年3月—1981年6月),《邓小平文选》第2卷,人民出版社,1994年版,第299页。
[3] 中共中央文献研究室、中央档案馆编:《建国以来刘少奇文稿》第2册,中央文献出版社,2005年版,第123、124页。

"公私兼顾、劳资两利、城乡互助、内外交流"的经济政策

这是《中国人民政治协商会议共同纲领》第26条规定的新中国经济建设的根本方针,即"以公私兼顾、劳资两利、城乡互助、内外交流的政策,达到发展生产、繁荣经济之目的"。1950年5月25日,毛泽东曾解释说:"今天的资本主义工商业对社会是需要的、有利的。私营工商业统统要拿到政府的翅膀之下来,是有理由的,因为适应了人民的需要,改善了工人的生活。当然,资本家要拿走一部分利润,那是必需的。私营工商业是会长期存在的,我们不可能很快实行社会主义。到哪一天才需要全面进攻,取消资本家的那一部分呢?照苏联的例子,时间是很长的。""现在我们有广大的国营工商业,需要把这些企业搞好。要有所不同,一视同仁。有所不同者,是国营占领导地位,是进步的,把位置反转过来是不行的,因为私营工商业比较落后,这一点必须公开说明,我曾同几个资本家说过。其他则一般的应当一视同仁,有的是要逐渐才能办到的,如收购、采办、出口以及市场。工资问题将来应的生产资料,完成土地改革地区的农业人口占全国农业总人口的90%以上。国家统计局曾在1954年对23个省、自治区1.5万多户农家做了一个抽样调查,结果是:1949年到1952年,全国粮棉产量大幅度增长,其中棉花在1951年就超过了新中国成立前最高的年产量(即1936年棉花年产量),粮食也在1952年超过了新中国成立前最高的年产量。

经济上获得解放的农民给毛泽东写信说:"我们过去在地主恶霸的压迫下受过的痛苦,用尽长江的水也写不完。""眼看这辈子活不住了,却来了毛主席共产党。""我们想起这些,就欢喜得流出眼泪。"[1]

新中国成立之初,尽管财政经济面临严重困难,但人民政府仍然对不反抗新政权的数百万旧军政公教人员,实行"包下来"的留用政策,不让他们失业。与此同时,还帮助留在大陆的民族资本家恢复和发展生产,实行"公私兼顾、劳资两利、城乡互助、内外交流"的经济政策。这些举措稳定了人心,在较短时间内收拾起旧中国生产萎缩、交通梗阻、失业众多的烂摊子,保障了基本的民生需求。

北京西郊农民吴达金,经历了旧中国诸多乱世,生活一直很困苦。新中国成立后,他觉得世道变了。他说:"我活了这一辈子,打今年才觉着不受气,没人压。"[2]这种"不受气,没人压"的感觉,用一个词概括,就叫"解放",即获得民主权利的政治上的解放。

在旧中国,不要说目不识丁的老农,就是曾经留学欧美的学者费孝通,也没有见过真正的民主。

---

[1]《土地改革造成农村天翻地覆的大变化,四川回澜乡农民减了租,写信跟毛主席谈心肠话》,《人民日报》,1951年5月16日。
[2] 大起、二改、杜琛:《新中国照亮了老农的心》,《人民日报》,1949年10月4日。

1949年8月31日，北平新华广播电台播发了费孝通的文章：

我很早就听见过这民主两个字……但是究竟怎样才算是一个民主的社会呢？我不明白。从小学到中学，从中学到大学，一路遇着各期的学生运动，我跟着跑，为什么呢？为民主。民主究竟怎样的呢？不明白。没有经验，怎能明白呢？长大了，碰着抗战。从国外回来，抗战已经进入第二年，反动的势力已经在后方高涨起来。我和许多朋友一样，看不惯这局面。怎么办呢？要求民主。民主究竟是怎样的呢？除了书本知识之外，还是不太明白。[1]

费孝通参加北平各界代表会议时看到的场景，让他一下子明白了什么是民主。"穿制服的，穿工装的，穿短衫的，也是要解决的。在私人工厂中，也可以有模范工作者和劳动英雄，也应当有生产竞赛。总的说来，这种政策对于国家和人民是有利的，这个利是超过对资本家的利益。"[2]

多少年从未养过一头牲畜的雇农，在土改中分到一头牛。

---

[1] 费孝通：《我参加了北平各界代表会议》，《人民日报》，1949年9月2日。
[2] 参见毛泽东：《对私营工商业要有所不同、一视同仁》（1950年5月25日），《毛泽东文集》第6卷，人民出版社，1999年版，第61—62页。

穿旗袍的，穿西服的，穿长袍的，还有一位戴瓜帽的——这许多一望而知不同的人物"，聚集在一起发表政治意见，使费孝通由衷感到："最近这6天，我上了一课民主课，所得到的多过于过去的5年，甚至30多年。"[1]

民主，是建立新中国的政治前提。中国共产党领导的多党合作和政治协商制度，是中共与各阶级各阶层长期合作的历史成果。创建新中国的时候，由于还没有条件召开全国人民代表大会，便由中国人民政治协商会议代行其职权。

参加第一届中国人民政治协商会议的有662名代表，由14个单位的党派代表、9个单位的区域代表、6个单位的军队代表、16个单位的团体代表和特邀代表组成，同时还有工人、农民、知识分子、工商业、自由职业者、少数民族、宗教、华侨、妇女、科学文化等各阶层和各界别的代表。

北平农民刘建山说："这回的人民政协真是代表人民的，代表中还有工人和农村妇女，像过去国民党在北平，应名叫选参议员，可是我知道的南郊张文魁是个以买卖粮食投机倒把起家的大商人，选参议员时他花了6000万伪法币请保长的客，给他贿选，这叫什么民主啊！"农民孙宝香说："以前国民党政府是穷人说话没人听，有钱人说话不对也是香的，受多大冤枉和委屈也无处诉说"，"现在受压迫的日子总算熬过去了"。[2]

老百姓嘴上的"民主"，被毛泽东概括为"人民民主专政"。1949年6月30日，他在《论人民民主专政》中阐述说，"人民是什么？在中国，在现阶段，是工人阶级，农民阶级，城市小资产阶级和民族资产阶级"，"对人民内部的民主方面和对反动派的专政方面，互相结合起来，就是人民民主专政"。此前，他还曾特别强调说，"各级政府都要加上'人民'二字，各种政权机关都要加上'人民'二字，如法院叫人民法院，军队叫人民解放军，以示和蒋介石政权不同"[3]。新中国成立后，以"人民"冠名的机构和组织还有很多，比如，人民检察院、人民银行、人民邮电、人民海关，等等，连使用的法定货币，也叫人民币。

---

[1] 费孝通：《我参加了北平各界代表会议》，《人民日报》，1949年9月2日。
[2] 《农民欢喜说不尽：活了一辈子，头一回听说有人民自己的国家，以后可得好好种庄稼》，《人民日报》，1949年9月23日。
[3] 毛泽东：《在中共中央政治局会议上的报告和结论》（1948年9月），《毛泽东文集》第5卷，人民出版社，1996年版，第135—136页。

美国学者费正清评论说，毛泽东"认为新政府应当是共产党领导下的民主联合政府，同时又是对各反动阶级即'人民的敌人'实行专政的手段。这样，'人民民主专政'是要以统一战线的形式为现政权争取尽可能广泛的支持，同时在中国境内消灭他的敌人。按照定义，'人民'由四个阶级组成：无产阶级、农民、小资产阶级、民族资产阶级。农民至少暂时可以保持土地私有权，资产阶级可以保持一部分私营工业。这就实现了原来关于新民主主义的想法"[1]。

1949年7月出版的毛泽东《论人民民主专政》单行本

关于新中国的政体，毛泽东指出："新民主主义的政权组织，应该采取民主集中制，由各级人民代表大会决定大政方针，选举政府。它是民主的，又是集中的，就是说，在民主基础上的集中，在集中指导下的民主。"[2]中国共产党确定，政权组织形式既不能照搬苏联的苏维埃，也不能照搬西方国家的议会制和三权分立，而是在一个短时间内在新解放地区先建立各界人民代表会议作为准备，然后通过普选实行人民代表大会制。人民代表大会制，既体现了新中国的一切权力属于人民，人民通过各级代表大会来行使这种权力；又保证国家机关能迅速有效地领导和管理国家的各项工作，不致陷入混乱的无政府状态。

除了新中国的国体和政体，其他建国方针和各项政策，也由中国人民政治协商会议经过充分讨论后，写入具有宪法性质的《共同纲领》。会议选举毛泽东为中央人民政府主席，在选出的6位副主席中，共产党员3名（刘少奇、朱德、高岗），民主党派人士3名（宋庆龄、李济深、张澜）。

---

[1]［美］费正清：《美国与中国》（第4版），商务印书馆，1987年版，第262页。
[2]毛泽东：《论联合政府》（1945年4月24日），《毛泽东选集》第3卷，人民出版社，1991年版，第1057页。

具有临时宪法性质的《中国人民政治协商会议共同纲领》

中央人民政府委员会任命周恩来为政务院总理,4位副总理中,共产党员2名,民主党派及无党派民主人士2名。在地方人民政府中,民主党派也都占一定的比例。党和非党人士参政人数的适当比例,"既保证了无产阶级对国家政治生活的坚强领导,又体现了统一战线的广泛性"[1]。

民主党派和无党派人士参加政府工作受到相当重视。比如,毛泽东亲自出面说服明史专家吴晗担任北京市副市长,周恩来则出面邀请黄炎培出任政务院副总理兼轻工业部长,陈云在主持中央财经委员会工作时,坚持让担任部长的非党人士出面作报告和审查文件。毛泽东和周恩来还经常与民主人士见面谈话,认为"这对于研究中国社会,吸取党外人士的好意见,改进工作,都是有益的。我们应该养成同党外人士经常接触的习惯"[2]。

为使党外人士有职有权,主管民主党派工作的中央统战部部长李维汉强调,共产党员要尊重非共产党员的职权,"在他们的职权范围内,使他们有可能与闻一切应该与闻的事情,同他们商量一切应该商量的事情,向他们报告和请示一切应该报告和请示的事情;同时还要积极地帮助他们能够履行责任,做出成绩"[3]。

国家统一新局面

人们习惯用"一盘散沙"来形容旧中国。那时的中国

---

[1] 李维汉:《回忆与研究》(下册),中共党史资料出版社,1986年版,第791页。
[2] 周恩来:《在中共中央统战部举行的茶话会上的讲话》(1951年1月20日),《周恩来统一战线文选》,人民出版社,1984年版,第204页。
[3] 李维汉:《进一步加强政府机关内部的统一战线工作》(1951年4月29日),《李维汉选集》,人民出版社,1987年版,第234页。

四分五裂，乱象丛生，谈不上国土和军令政令的统一。孙中山曾经感慨地说过："统一是中国全体国民的希望。能够统一，全国人民便享福；不能统一，便要受害。"[1]

即使国民党在1928年名义上统一中国后，各地事实上也是我行我素。在政权方面，国民政府没有县以下基层政权，造成社会治理缺位。地方军阀势力各霸一方，从1911年到1949年统治山西30余年的阎锡山，为了营造"独立王国"，在山西修建窄轨铁路，人为制造交通阻隔。货币发行也是五花八门，市面上流通的除中央银行发行的货币外，还有数不清的军用票、区域性流通券等纸币，造成币制混乱，金融失序。在税收方面，各地军阀横征暴敛，出现提前收税的闹剧，四川军阀刘存厚在自己的地盘上甚至提前预征40年的税。至于苛捐杂税的繁多，更是达到了破天荒的程度。[2]

新中国成立后的国家统一，是中国近代历史上从未有过的，甚至是中国历史上从未有过的。人民解放军收复了除台湾、香港、澳门外的所有国土，一个空前统一的新中国，无论在意识形态、国家治理、经济恢复、军事制度还是民族关系上，都展现出前所未有的新局面。

——在意识形态上，以马克思主义为指导的新民主主义和社会主义原则，成为普遍认可和尊崇的主流。马克思主义哲学、政治经济学、唯物史观、毛泽东思想和中共党史，成为各级各类学校的必修课；许多自由知识分子和有西方思想背景的技术专家、艺术家改变了自己的思想认识。

——在国家治理上，建立了从中央到地方的各级政权，对城乡基层政权进行了系统改造。在城市，普遍建立街道办事处，逐步建立健全居民自治组织；在农村，由农民代表民主选举乡政府委员会，成立县人民政府，形成了上下贯通、集中高效、具有高度组织动员能力的国家行政体系。各级工会、农民协会、青年团、学联、妇联，形成无所不包的社会组织网络。健全完备的社会组织系统，体现了中国共产党的执政优势和治理能力。

---

[1] 孙中山：《在神户与日本新闻记者的谈话》(1924年11月24日)，《孙中山全集》第11卷，中华书局，1986年版，第373页。
[2] 张闻天：《中国革命的社会经济基础》(1934年1月)，《张闻天文集》(一)，中共党史资料出版社，1990年版，第462页。

1949年12月，四川岳池县人民热烈欢迎中国人民解放军进驻岳池。

——在经济上，人民政府没收官僚资本归国家所有，使国营经济迅速建立起来。同时，面对财政经济上的严重困难，一手稳定物价，一手统一全国财经和税收，结束了自抗战以来连续多年的恶性通货膨胀，为稳定人民生活、恢复和发展生产创造了条件。

——在军事制度上，结束了旧中国军阀割据、山头林立的混乱局面。人民军队实行统一的指挥，统一的制度，统一的编制，统一的纪律，为建立一支革命化、现代化、正规化的人民军队，为巩固国防和国家建设提供了有力保障。

1950年10月3日，毛泽东写下《浣溪沙·和柳亚子先生》，词云："长夜难明赤县天，百年魔怪舞翩跹，人民五亿不团圆。一唱雄鸡天下白，万方乐奏有于阗，诗人兴会更无前。"表达了对新中国民族团结、繁荣发展的欣喜和期待之情。

中国是一个多民族国家，境内各民族在历史上不断融合，形成相互依存不可分离的中华民族大家庭。新中国成立前后，制定符合国情的民族政策，成为国内外高度关注的一件大事。

新疆，古称西域，公元前 60 年正式列入汉朝版图。此后分分合合，到 1759 年，清朝政府重新统一了天山南北，新疆的疆域基本稳定下来。近代以来，俄国和英国势力渐渐深入新疆。清朝陕甘总督左宗棠受命督办新疆军务，率军讨伐阿古柏，收复乌鲁木齐、和田等地，从沙俄手中收回了伊犁地区。1884 年，清政府取"故土新归"之意，正式建立了新疆省。

中共领导人在新中国成立前就形成一个共识，应该尽力争取以和平方式解放新疆。1949 年 4 月 16 日，周恩来委托当时迪化市（今乌鲁木齐）市长屈武回新疆策动和平起义。此后，中央又派人联络新疆三区革命领导人，请他们派代表参加新政治协商会议，共襄建国大业。兰州解放后，人民解放军进军新疆已如箭在弦上，最终促使国民党新疆军政当局陶峙岳、包尔汉等联名通电起义。新疆获得和平解放，开创了新疆历史的新纪元。

而此时青藏高原上的西藏，也迎来了新生的历史机遇。

自 13 世纪中叶，西藏正式归入中国元朝版图，在长达 700 多年的时间里，中央政府都保有对西藏完整的主权和治权，掌握着确定西藏活佛达赖喇嘛、班禅额尔德尼去世后转世灵童的大权。从 1727 年到 1911 年，清朝政府还先后派遣驻藏大臣达百余人。1888 年、1903 年，英国两次发动侵略中国西藏的战争，也都遭到了西藏军队的抵抗，以

阿古柏

阿古柏（约 1821—1877），中亚浩罕汗国安集延人。曾任浩罕汗国高级官吏。1865 年，随张格尔之子布素鲁克和卓侵入中国喀什，占领南疆。1867 年，建立"哲德沙尔"（"七城"之意）汗国，自称为汗。受英国和沙俄殖民主义者在政治、军事、经济等各方面的积极支持，使其侵占区沦入英国殖民势力范围。1877 年，在维吾尔族人民反抗和清军打击下，兵败库尔勒，被部下击毙。

新疆三区革命

1944 年 8 月至 1949 年 10 月，新疆西北部伊犁、塔城、阿山（今阿勒泰）三个地区的维吾尔、哈萨克等各族人民群众，为反抗国民党政府的反动统治，建立了以伊宁为中心的革命政权。同时，组织了包括哈萨克、维吾尔、蒙古、柯尔克孜、回、锡伯等民族的 14000 人的民族军。这场革命斗争，史称新疆三区革命。

至于英国外交大臣兰斯顿1904年发出正式训令，承认西藏为"中华帝国的一个省"。1954年，印度总理尼赫鲁在印度人民院的讲演中也说："在以往数百年中，我就不知道在任何时候，任何一个外面的国家曾经否认过中国在西藏的主权。"

新中国成立后，中央人民政府确定了和平解放西藏的方针，并正式通知西藏地方当局派代表到北京谈判西藏和平解放事宜。当时控制西藏地方政府的一些人，在外国势力的支持下，企图以武力对抗。1950年10月，人民解放军解放了昌都，中央政府再次敦促西藏地方政府派代表来北京谈判。以阿沛·阿旺晋美为代表的爱国上层人士力主和谈，得到多数人赞同和支持，提前亲政的十四世达赖喇嘛也表示接受和平谈判的意见。

1951年5月23日，中央人民政府和西藏地方政府的代表签订了《中央人民政府和西藏地方政府关于和平解放西藏办法的协议》，得到西藏各民族人民的拥护。达赖喇嘛于1951年10月24日致电毛泽东，代表西藏地方政府及藏

1949年，新疆于田县宣告解放，人民欢庆。

"万方乐奏有于田"，于田人民欢庆解放。

族僧俗人民表示:"在毛主席及中央人民政府的领导下,积极协助人民解放军进藏部队,巩固国防,驱逐帝国主义势力出西藏,保护祖国领土主权的统一。"10月26日,人民解放军在西藏人民支持下,顺利进驻拉萨,西藏获得和平解放。

在新中国,如何看待少数民族,制定什么样的民族政策,能否保障民族间的平等团结,既是维护国家统一的需要,也考验着中共领导人的智慧。

早在1945年10月抗日战争胜利不久时,中共中央就明确了在内蒙古"实行区域自治"的方针。[1]1947年,成立了中国共产党领导下的具有政权性质的统一的内蒙古自治政府,并且明确是区域自治,而不是"独立自治"。这就为新中国实行民族区域自治制度积累了经验。

在筹建新中国、制定《共同纲领》的日子里,在民族政策方面,新中国到底是实行"民族自决",还是"民族自治"?这是让毛泽东等人反复思量的大事。

1949年9月7日,周恩来向新政协代表征询意见时说:

主要的问题在于民族政策是以自治为目标,还是超过自治范围。我们主张民族自治,但一定要防止帝国主义利用民族问题来挑拨离间中国的统一。

今天帝国主义者又想分裂我们的西藏、台湾甚至新疆,在这种情况下,我们希望各民族不要听帝国主义者的挑拨。为了这一点,我们国家的名称,叫中华人民共和国,而不叫联邦。今天到会的许多人是民族代表,我们特地向大家解释,同时也希望大家能同意这个意见。我们虽然不是联邦,但却主张民族区域自治,行使民族自治的权力。[2]

周恩来的意见得到政协代表们的赞同。《共同纲领》明确规定:"各少数民族聚居的地区,应实行民族的区域自治,按照民族聚居的人口多少和区域大小,分别建立各种民族自治机关。"这就把民族区域自治作为新中国的一项基本政治制度确定下来,并于1954年写进了《中华人民共和国宪法》。

---

[1] 参见内蒙古自治区档案馆编:《内蒙古自治运动联合会档案史料选编》,档案出版社,1989年版,第1页。
[2] 周恩来:《关于人民政协的几个问题》(1949年9月7日),《周恩来统一战线文选》,人民出版社,1984年版,第139—140页。

1950年10月,西藏和平解放,拉萨市人民夹道欢迎中国人民解放军。

新中国坚持民族区域自治制度,先后设立内蒙古自治区、新疆维吾尔自治区、广西壮族自治区、宁夏回族自治区和西藏自治区。

对新中国的民族政策,美国学者是这样评论的:"中国共产党的政策力求使少数民族逐渐步入中国社会的主流。他们要进行根本的改变,但在速度上和方式上都要注意照顾到少数民族的风俗习惯,避免引起不必要的混乱。实行这些政策后,共产党相当成功地使辽阔的少数民族地区归附于中央控制之下,并且成功地开始了社会主义改造的进程。"[1]

美国学者还分析了新中国实行的民族区域自治制度与苏联的民族政策的不同。他们认为，新中国的宪法"抛弃了少数民族区域可以自决脱离国家的假设性条款，宣称中华人民共和国是一个'统一的多民族的国家'，少数民族'自治区'是其领土不可分割的一部分"，"在苏联，脱离的权利始于革命后的内战时期，当时这是对付暂时控制着大多数少数民族地区的'白匪'和外国军队的有力武器。另外，后来几十年中，苏联的少数民族人口增长到苏联人口的一半，这一事实无疑使撤销这一'权利'显得既不恰当也没有必要"。[2]

在新中国，各民族自治区域先后实行民主改革，废除了封建土地所有制，在西藏，则废除了更为落后的农奴制，人们的日子好过起来。

在新疆于田县，一个质朴的维吾尔族农民库尔班·吐鲁木，分得了14亩耕地和一所房子，产生了想亲眼看一看毛主席的想法，他先后给毛泽东写了7封信，又寄去杏干和桃干。1955年秋季丰收后，库尔班大叔不顾路途遥远，打定主意骑着毛驴上北京去见毛主席，但一直未能成行。1958年，库尔班·吐鲁木终于实现了夙愿，毛泽东在北京接见了他并合影留念，成为新中国民族关系的一段佳话。

习近平给库尔班大叔后人回信

2017年1月14日的《人民日报》报道：近日，库尔班·吐鲁木的长女托乎提汗·库尔班，让她的孙女如克亚木·麦提赛地给中共中央总书记、国家主席习近平写信，代她表达了感谢党和政府关怀、热爱祖国、热爱新疆、热爱家乡的愿望。习近平在2017年1月11日的回信中说："库尔班·吐鲁木是新疆各族人民的优秀代表，我小时候就听说过他爱党爱国的故事，让人十分感动。多年来，你一直坚持你父亲爱党爱国的情怀，给后辈和乡亲们树立了榜样。希望你们全家继续像库尔班大叔那样，同乡亲们一道，做热爱党、热爱祖国、热爱中华民族大家庭的模范，促进各族群众像石榴籽一样紧紧抱在一起，在党的领导下共同创造新疆更加美好的明天。"

---

[1] [美]费正清、罗德里克·麦克法夸尔主编:《剑桥中华人民共和国史（1949—1965）》，上海人民出版社，1990年版，第112—113页。
[2] [美]费正清、罗德里克·麦克法夸尔主编:《剑桥中华人民共和国史（1949—1965）》，上海人民出版社，1990年版，第111页。

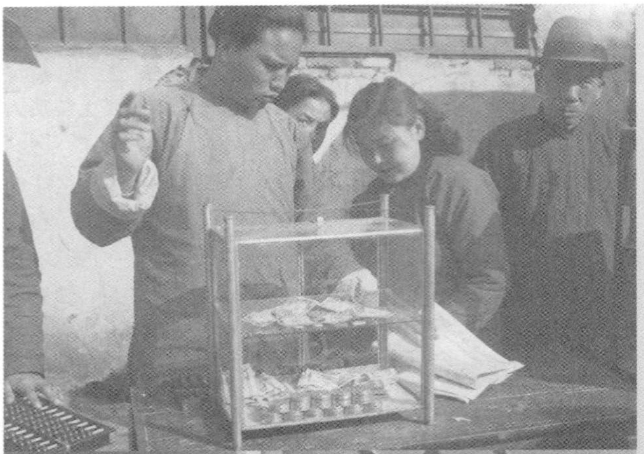
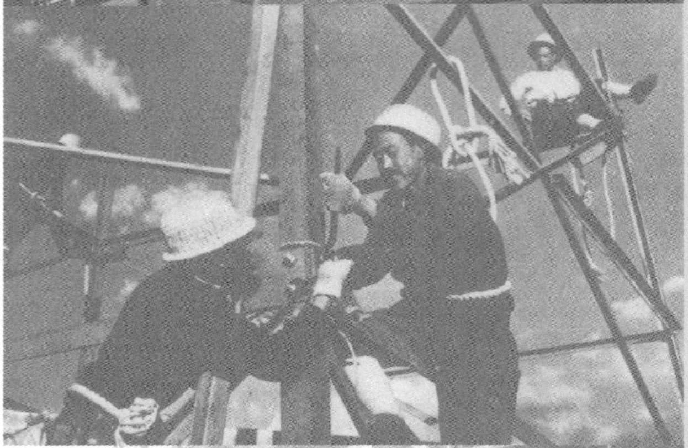
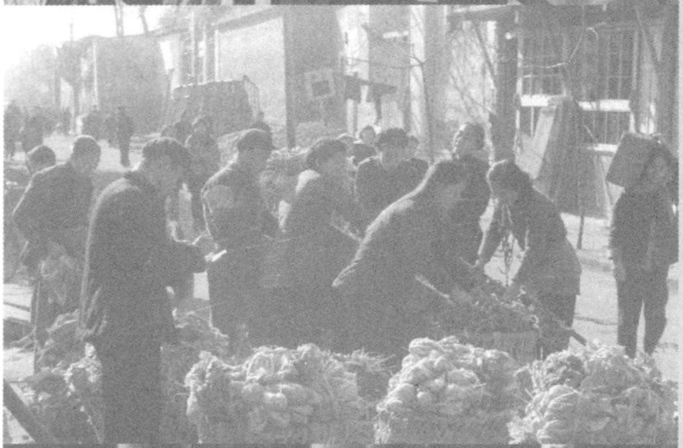
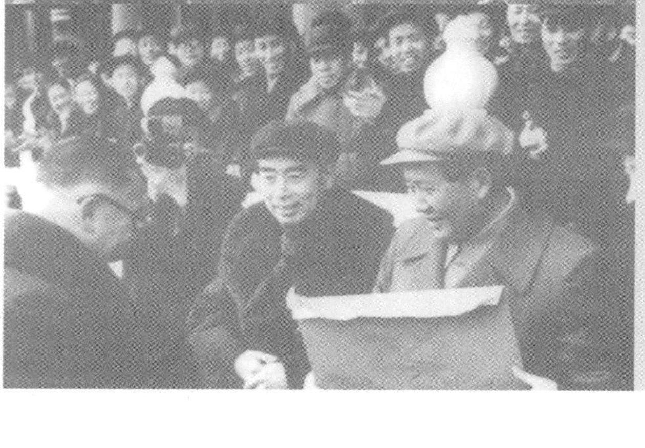

第三章

走进社会主义

搞社会主义是早晚的事
为何拨快了向社会主义过渡的时钟?
一条和平改造道路

1956年1月15日，北京各界20多万群众聚集天安门广场，见证新中国历史的一个重要时刻。下午三时，职工代表把北京市完成公私合营的喜报呈送到主席的手里，北京市市长彭真郑重宣布："我们的首都已经进入了社会主义社会。"

今天的人们或许会问：新中国成立都快七年了，北京怎么才进入社会主义社会呢？这一问，就问出新中国成立初期历史演变的大逻辑，即当时是按照什么"主义"来治国理政的？

理清这个历史的大逻辑，就要从中国共产党领导层当时对社会主义社会的认识和追求说起。

搞社会主义是早晚的事

马克思主义经典作家对社会主义的基本特征曾作过理论上的构想。他们认为，发达的社会生产力、生产资料公有制、按劳分配、个人自由的全面发展等，应该是社会主义的特征。但后来的社会主义实践都不是在他们设想的生产力高度发达的基础上出现的。苏联从20世纪20年代开始的社会主义实践，在相当程度上给中国共产党提供了比较理想的学习样本，这就是：公有制、计划经济、按劳分配。

中国共产党成立之初，就把实现社会主义作为自己的政纲，并认为中国要确保国家的独立和统一，发展国民经济，实现繁荣富强，使劳动人民免遭剥削和贫困，只有社会主义才是唯一的出路。

那么，怎样才能进入社会主义社会呢？1940年1月，毛泽东发表《新民主主义论》，明确了中国革命要分两步走：第一步是搞新民主主义革命；第二步，使革命向前发

新民主主义革命

和17—18世纪西方国家资产阶级领导的、旨在推翻封建主义压迫、确立资产阶级统治的民主主义革命不同，1919年五四运动以后的中国革命，是无产阶级领导的人民大众反对帝国主义、封建主义、官僚资本主义的新民主主义革命。这场革命的前途，是实现社会主义。1949年中华人民共和国的成立，标志着新民主主义革命的基本胜利。

展，通过搞社会主义革命，建立一个社会主义的社会。也就是说，新民主主义革命的发展前途是社会主义。

很明显，实现社会主义是中国共产党始终不渝的目标，社会主义在中国不是实行与否的问题，而是什么时候实行的问题。

新中国的成立，并不是进入社会主义的标志。当时建立的是新民主主义性质的国家，只是为向社会主义过渡创造了重要的政治前提。

为什么没有在新中国成立时立即搞社会主义革命呢？很重要的一个原因就是中国的现实国情不允许。新中国脱胎于半殖民地半封建的旧中国，经济起点非常低，达不到搞社会主义的条件。

新中国成立前，全国范围内的农业基本上是以手工个体劳动为主的传统农业。拖拉机总数仅300—400台，劳动生产率极其低下。全国粮食平均亩产量仅为127斤，人均占有粮食418斤。

从当时工业主要产品和产量来看，中国与世界其他国家的差距更大。1949年以前，中国生铁的历史最高年产量为180.1万吨，尚不足美国1890年产量的1/5，不足英国1890年产量的1/4，不足德国1890年产量的1/2。

交通等基础设施是国家经济发展的命脉。1949年，中国的铁路总长尚赶不上英国在1880年所拥有的铁路里程，只有2.2万公里，人均只有4厘米，仅是半根香烟的长度；能通汽车的公路只有8.07万公里，而且路况极差；汽车5.1万辆，大部分破旧不堪。[1]

从人民生活和收入水平来看，1949年，中国的人均国

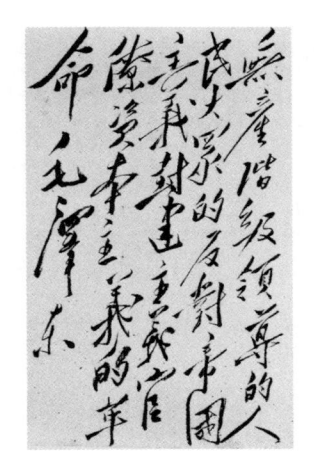

1948年，毛泽东为晋绥干部会议书写的关于新民主主义革命总路线的题词。

---

[1]参见吴承明、董志凯主编：《中华人民共和国经济史（1949—1952）》，社会科学文献出版社，2010年版，第38—42页。

第一个五年计划期间，国营湘潭电机厂试制成功可以炼不锈钢、工具钢等高级优质钢的中国第一台电弧炼钢炉。

民收入仅为 27 美元，尚不及同为人口大国的印度的 57 美元的一半。[1]

可以试想一下，如果在这样的生产力水平和国情条件下勉强向社会主义过渡，那将是怎样的一个社会主义社会呢？

对于中国的国情，新中国领导人有着深刻的认识与把握，对于进入社会主义的复杂性也有着清醒的认识。他们的共识是，必须先进行一段新民主主义社会的建设，让各种经济成分包括资本主义经济继续发展，在国民经济恢复并经过生产力相当程度的发展以后，再开始采取社会主义革命的步骤。

1949 年，参加中国人民政治协商会议的 600 多名代表在

---

[1] 中共中央党史研究室：《中国共产党历史》第 2 卷（上），中共党史出版社，2011 年版，第 199 页。

讨论具有宪法性质的《共同纲领》草案时，有人提出，既然新民主主义是一个过渡性质的阶段，因此，在总纲中就应该明确把社会主义和共产主义的前途规定出来。对此，周恩来在大会上解释说，新民主主义一定要向社会主义发展，"这个前途是肯定的，毫无疑问的，但应该经过解释、宣传特别是实践来证明给全国人民看。只有全国人民在自己的实践中认识到这是唯一的最好的前途，才会真正承认它，并愿意全心全意为它而奋斗。所以现在暂时不写出来，不是否定它，而是更加郑重地看待它。而且这个纲领中经济的部分里面，已经规定要在实际上保证向这个前途走去"[1]。

问题接着又来了。有些党外人士在政治协商会议期间问毛泽东，"要多少时间过渡到社会主义？"毛泽东回答说："大概二三十年吧！"

对于何时开始向社会主义过渡，周恩来也曾在党内有过解释。1950年4月，他同参加统一战线工作会议的党员领导干部谈道：毛主席访问苏联回来，到处都碰到问，到底什么时候搞社会主义。搞社会主义，要15年左右。

看来，新中国领导人当时估计，中国将经过15年到30年的新民主主义社会建设，才能开始向社会主义过渡。这既是对民主党派的承诺，也是经济社会发展的客观要求。作为无产阶级政党，按照逻辑，中国共产党执政后应该着手消灭资产阶级和资本家，但中国共产党当时并没有立即这样做。原因很简单，用周恩来的话说，当时的主要问题"是先做到不失业、不饥饿"。尽快恢复和发展国民经济，稳固人民政权，才是当时最紧迫、最主要的任务。

《中国人民政治协商会议共同纲领》关于经济的部分规定

《中国人民政治协商会议共同纲领》规定：国家调剂国营经济、合作社经济、农民和手工业者的个体经济、私人资本主义经济和国家资本主义经济，使各种社会经济成分在国营经济领导之下，分工合作，各得其所，以促进整个社会经济的发展。

---

[1] 周恩来：《人民政协共同纲领草案的特点》（1949年9月22日），《周恩来选集》上卷，人民出版社，1980年版，第368页。

为何拨快了向社会主义过渡的时钟？

中国共产党接手全国政权时，在一些资本家中间曾流传着这样一种说法：共产党"军事内行，经济外行"；他们打仗得 100 分，搞政治可得 80 分，但搞经济只能得 0 分。不少老百姓也大体存在类似的担心。

这种担心不是没有道理。中国共产党长期在农村从事革命战争，只拥有在根据地和解放区局部执政的经验和本领，缺乏全面治国理政的经验，更缺少经济建设方面的人才。治理 5 亿多人口的大国，谈何容易。

于是，一些投机资本开始兴风作浪了。新生政权面临着物价飞涨、市场混乱不堪的局面，不得不和投机资本进行了两场"经济战役"。

第一次战役叫"银元之战"。各大城市解放后，军管部门和人民政府立即通令，禁止黄金、白银和美元的流通，支持人民币作为唯一合法的货币。但金融投机商对此置若

1949 年 4 月 23 日，南京黑市上黄牛党在街头公开买卖银元和美金。

罔闻，在当时最大的工商业城市上海，一些金融投机商宣称："解放军进得了上海，人民币进不了上海！"面对此番对抗局面，接管上海市政权的军事管制委员会只好采取硬办法，在1949年6月10日查封证券大楼，将200多个主要的金融投机者逮捕法办。紧接着，武汉、广州等地的地下钱庄也被陆续查封。

第二场战役叫"米棉之战"。1949年10月，投机商大量囤积粮食、棉纱和煤炭，掀起物价上涨风潮。中央政府不得不紧急从全国范围内特别是老解放区调集粮食、棉纱等物资，运到上海、北京、天津等大城市集中投放，同时紧缩银根，催征税收。这一套"组合拳"打下来，致使投机资本周转失灵，纷纷被迫放弃囤积，全国物价也趋于稳定。

第一场战役采用的是行政手段，第二场战役采用的是市场手段。经此两场经济战役，中国共产党治理经济展示出先声夺人的气势。前线的指挥者是上海店员出身的老资格共产党人陈云，当时他担任中央人民政府政务院财政经济委员会（简称"中财委"）主任。看来，执政党内也不是没有经济人才。

此后，新中国经济很快得以恢复。1950年的财政收支竟然能够基本平衡，1951年和1952年，尽管国家拿出很多钱来支撑抗美援朝战争，但中央财政收支基本平衡甚至还略有节余。

新中国成立时，保证人民吃饭是天下第一大事。1952年，中国的粮食总产量达到1.6亿吨，比1949年的1.1亿吨增长45%，比历史上最高年产量的1936年增长9.3%。

工业方面，在苏联的帮助下，东北工业基地率先得到恢复。东北生产的机器、设备和工业品源源不断地运往四面八方，支援了全国其他地区的经济恢复。到1952年底，中国的钢、生铁、原煤、原油、水泥、电力等主要工业品都超过了历史最高年产量。对国民经济至关重要的交通运输网，这期间也得到了全面恢复和大规模建设。

新中国只用3年多一点的时间，便全面恢复了历经多年战乱百废待兴的国民经济。这样的奇迹，或许也出乎执政的中国共产党自己的预料。更让中国共产党领导层没有料到的是，在如此巨大而急速的变化中，新中国社会经济的内在结构也展示出新的变化态势。

20世纪50年代，东北22万伏高压输电线动工，工人在铁塔上操作。

　　在广大农村，出现了新的社会矛盾。新中国成立前后，通过土地改革，每户农民都拥有了自己的土地，这就极大地刺激了农民的生产积极性。但有的人家劳动力、劳动技能和生产资料多一些，他们很快富裕起来。与之相反的人家，则陷入了贫困。完成土地改革较早的东北和山西，这种贫富分化现象比较明显。有部分农民不仅添了车马，雇了长工，还不断买进或租进一些贫困户的土地；另有一部分人生活下降，不得不出卖出租土地，靠借粮借钱度日。

　　怎样看待和解决农村贫富分化现象，在1949年和1951年，两度引起党内领导层的争论。有人坚持在土地等生产资料所有制上维持现状，通过互助组合作的形式来阻止贫富分化趋势；有人主张"把互助合作组织提高一步"，建立更高级形式的具有集体所有性质的农业合作社，起步向社会主义过渡。

　　总体上，毛泽东是倾向于后一种主张的。为积极而又稳妥地推进农业合作化，他派人向最熟悉农村社会变化的作家赵树理征求意见。赵树理认为，刚刚分到土地的农民，正对"老婆孩子热炕头"的生活充满信心,走个体生产路子的积极性大一些,加入合作社的愿望还不强烈。毛泽东很重视赵树理的意见,虽然他还是支持合作化的意见,但同时提出要保护个体农民单干的积极性。

城市工商业的新现象,则主要反映在经济结构上出现新的发展态势。到 1950 年初,人民政府接管官僚资本的工矿企业 2800 余家、金融企业 2400 余家。以接管的官僚资本为基础,公有的国营经济迅速发展起来,在国民经济中的主导地位日益巩固。在此前后,新中国还掌握了全国的铁路和其他大部分近代化交通运输业,以及大部分银行业务和对外贸易。由此,人民政府掌握了国家的经济命脉。

与旧中国时期的官僚资本不同,国营企业采取了新的管理制度,制定有效的发展计划,使各种重要工业产品产量大幅度提升,还开发了一批新产品、新工艺、新技术、新产业和新的工业地区。

在国营企业中,职工成为工厂的主人,生活稳定,有各种保障和福利,而且社会地位很高,被尊称为"工人老大哥"。这些都极大地激发了他们的工作热情和自豪感,涌现出一大批劳动模范和技术能手。

鞍山钢铁公司炼铁厂的老工人孟泰,年轻时就来到日本人经营的鞍山炼铁厂做工,亲历了从亡国奴到翻身做主人的社会巨变。他爱厂如家,用平时捡来的废弃零件堆成了一个仓库,被工友们称作"孟泰仓库"。这些不起眼的螺丝、螺母等铁疙瘩,不仅给国家节省了大量资金,还串联起工人同新中国的感情。工友们都效仿他,在生产中节约生产原料,平时就捡拾废弃的零件,"孟泰仓库"里的东西越来越多。这成为工人阶级与国营企业关系的一个缩影。

国营企业在发展中体现出来的优势越来越明显,即将

鞍山钢铁公司

1948 年 12 月 26 日成立的鞍山钢铁公司,是新中国第一个恢复建设的大型钢铁联合企业和最早建成的钢铁生产基地。其前身是日本人建立的鞍山制铁所。

开始的第一个五年经济计划，其主要任务也将由国营企业来承担。在这种情况下，公有制经济成分脱颖而出的大增长趋势，已经是确定无疑了。

在恢复国民经济的过程中，特别是抗美援朝战争爆发后，资本主义工商业发展势头也比较好。许多资本主义工业企业承办加工业务、接受政府的订货，一些商业企业则开始为国营商业代销，由此使1951年成为中国资本主义经济史上前所未有的"黄金时代"，工厂和商店的户数都增加了1/10以上。但是，资本主义工商业的性质事实上已开始发生变化。正像有人比喻的那样，成为"挂在共产党的车头上"的"新式的资本主义"。

与此同时，整个社会的经济运行体制也发生了很大变化。1950年3月，中央政府决定统一全国财政收入，统一全国物资调度，统一全国现金管理。这些措施的施行，不仅从根本上结束了市场无序和通货膨胀的被动局面，也让国营经济占据了市场的主动权，促使采用计划方式来领导经济发展的范围不断扩展。

下一步，应该怎样引导已经开始变化的经济结构和经济运行体制的发展，很自然地成为一个时代性课题，摆在了新中国领导人的面前。

苏联的经验，毫无疑问是中国的现成榜样。苏联优先发展重工业快速实现工业化的成功经验，特别是它所实行的社会主义公有制和集中统一的计划经济，对中国当时所处的历史阶段确实具有特殊的感召力。

为解决新的矛盾，适应经济发展的要求，毛泽东逐步改变了原来15年到30年才过渡到社会主义的想法，决定加快过渡步伐。1952年9月24日，他在中央书记处会议上提出，现在就开始向社会主义过渡，而不是等到10年以后才开始，要用10年到15年时间基本上完成社会主义。

这个设想能否取得苏联的支持，至关重要。刘少奇受毛泽东委托，利用参加苏共十九大的时机，向苏共中央和斯大林本人征求意见。刘少奇1952年10月20日给斯大林写信，专门介绍了新中国成立三年来资本主义工商业、个体农业、个体手工业的发展情况，和准备采取社会主义步骤的想法。他在信中说：

在征收资本家的工厂归国家所有时，我们设想在多数的情形下可能采取这样一种方式，即劝告资本家把工厂献给国家，国家保留资本家消费的财产，分配能工作的资本家以工作,保障他们的生活,有特殊情形者,国家还可付给资本家一部分代价。……到那时,中国的资本家可能多数同意在上述条件下把他们的工厂交给国家。……这是我们设想的将来可能的一种工业国有化的方式。至于将来所要采取的具体的方式以及国有化的时机,当然还要看将来的情形来决定。[1]

对这个设想,斯大林明确表示赞同。新中国领导人决定向社会主义过渡的底气更足了。

为慎重起见,1953年春天,中央统战部部长李维汉带领一个调查组,到武汉、南京、上海等地,进一步就资本主义工商业如何向社会主义过渡进行调研。李维汉在调研报告中建议:应经过国家资本主义特别是公私合营这一主要环节,实现资本主义所有制的变革。6月15日,中央政治局扩大会议完全同意李维汉的建议,毛泽东还在会上首次提出了党在过渡时期总路线的基本内容,后来正式表述为:"从中华人民共和国成立,到社会主义改造基本完成,这是一个过渡时期。党在这个过渡时期的总路线和总任务,是要在一个相当长的时期内,逐步实现国家的社会主义工业化,并逐步实现国家对农业、对手工业和对资本主义工商业的社会主义改造。"

向社会主义过渡好比一只展翅高飞的大鸟,实现工业化是它的主体,对个体农业和手工业的社会主义改造,对资本主义工商业的社会主义改造,则分别是大鸟的两个翅膀。于是,过渡时期总路线的内容,也常常被简称为"一体两翼"或"一化三改"。

在决策向社会主义过渡的过程中,新中国领导人大体形成一个重要的政治共识:"社会主义不可能建立在小农经济的基础上,而只能建立在大工业经济和集体大农业经济的基础上。"[2]

在历史潮流面前,社会主义改造的大船就这样起锚了。

---

[1] 刘少奇:《关于中国向社会主义过渡和召开全国人民代表大会问题》(1952年10月20日),《建国以来刘少奇文稿》第4册,中央文献出版社,2005年版,第526—528页。
[2] 李富春:《关于发展国民经济的第一个五年计划的报告》(1955年7月5日至6日),《人民日报》,1955年7月8日。

1954年12月，安徽霍山县佛子岭水库竣工落成，佛子岭水电站是淮河流域第一座水电站，供给附近城市和农村用电。

一条和平改造道路

毛泽东有一句名言："我们的任务是过河，但是没有桥或没有船就不能过。不解决桥或船的问题，过河就是一句空话。"[1] 从1953年开始，新中国有计划地实施大规模的工业化建设，向社会主义过渡的"主体"先动了起来。接下来，怎样才能解决桥和船的问题，借助两个翅膀的力量"过河"到社会主义的"对岸"呢？

按苏联的经验，农业改造的路子是先机械化，再实行集体化。但中国是工业落后的东方大国，更是小农经济的汪洋大海。如果等到机械化程度提高以后才去走集体化的社会主义道路，时间漫长不说，代价如何也难以估计。

事实上，在新中国成立以前，解放区土地改革后的农村就出现了耕田队、农业生产互助社、生产合作社等农业生产互助团体。新中国成立后，农业生产合作社开始大规模发展起来，这让毛泽东看到了走出一条新的农业发展道

---

[1] 毛泽东：《关心群众生活，注意工作方法》（1934年1月27日），《毛泽东选集》第1卷，人民出版社，1991年第2版，第139页。

路的可能性，那就是：先搞合作化，再搞机械化。

为了加强对农业工作的领导，1952年11月，中共中央成立了农村工作部。担任部长的邓子恢上任伊始，便明确农村工作部的主要任务是，配合国家工业化，把四亿七千万农民组织起来，过渡到集体农庄，时间不能定，但方向是这样。

随着大规模工业化建设的开始，国家对粮食和农产品的需求量猛增，但分散的自由耕种的小农经济，很难适应这种需求，也就是说，小农经济同国家工业化的矛盾日益突显出来。毛泽东认为，只有把农民组织起来，把分散的小农经济纳入国家计划轨道，引导农民逐步走互助合作的社会主义道路，才是根本出路。

这样一来，农业合作化运动的步伐便大大加快了。

为推动农业合作化的高潮，毛泽东亲自动手，编辑了《中国农村的社会主义高潮》一书，这是本大部头的书，90多万字，汇集了全国各地大量农业合作运动经验的材料。毛泽东认认真真看了一百几十篇材料，有的甚至还看了好几遍。他不仅看，而且还亲自修改，就像老师给小学生改作文一样，并动手写了104条"按语"，提出了许多具体开展和深化农业合作化运动的意见。

在这些材料中，一个来自河北省遵化县的故事让毛泽东感慨不已。故事的主角是一个叫王国藩的普通农民。1952年，王国藩把村里最穷的23户农民联合起来，办起了一个初级社。办社之初，他们只能靠农闲的时候上山砍柴，换来一些简单的农具。社里最主要的生产资料是一头驴，但这头驴还有四分之一的使用权属于没有入社的农民，因此人们把他们叫作三条驴腿的"穷棒子社"。靠着这三条驴腿，这个穷棒子社在第二年就发展到了83户，粮食亩产

农业生产互助团体

农民在个体经济的基础上，为了解决劳力、耕畜、农具等不足的困难，按照自愿互利原则，采用多种形式组织起来。一是农业生产互助组，按时间长短可分为季节性的临时互助组和长年互助组。新中国农村兴办互助组主要集中在1949年10月至1953年末。二是初级农业生产合作社，是在互助组的基础上，农民以土地入股，耕畜、农具等作价入社，由社里统一经营，生产成果在扣除农业税、生产费、公积金等以后，按照社员劳动数量和入社时生产资料的占比来进行分配，这是一种半社会主义性质的集体经济。新中国农村兴办初级社主要集中在1954年初至1955年上半年。三是高级农业生产合作社，比初级农业生产合作社更前进一步，土地、耕畜、农具等主要生产资料是归社里集体所有，生产统一经营，社员按劳分配。新中国农村兴办高级社的热潮从1955年下半年开始，至1956年底结束。

穷棒子

穷棒子，是旧社会时对穷苦农民的蔑称，后来也被用来代指那些虽然贫穷但有志气的人。

20世纪50、60年代，福建福州郊区各人民公社把大批蔬菜运往市区的各个菜市场，供应市民年节需要。

从120多斤增长到了300多斤。毛泽东对这个故事的评价是："我看这就是我们整个国家的形象，难道六万万穷棒子不能在几十年内，由于自己的努力，变成一个社会主义的又富又强的国家吗？"[1]

就在毛泽东编辑这本书的同时，农业合作化运动逐渐进入高潮。到1956年底，全国已有96.3%的农户加入了合

---

[1] 毛泽东：《〈中国农村的社会主义高潮〉按语》（1955年9月、12月），《建国以来毛泽东文稿》第5册，中央文献出版社，1991年版，第490页。

作社。看到几亿农民走上社会主义道路，毛泽东对人说，他现在很高兴，甚至比1949年建国的时候还高兴，因为他觉得这件事情使"中国的情况起了一个根本的变化"[1]。

与此同时，对个体手工业的社会主义改造也很顺利。个体手工业的状态是分散、生产条件落后，不能使用新的技术。政府采用说服、示范和国家援助的办法，让大家组织起来，搞手工业供销生产合作组织。这样一来，技术水平和劳动生产率相应提高，产品销售也很有出路。到1956年底，参加合作社的手工业人员已占全体手工业人员的91.7%，手工业的社会主义改造任务基本完成。

在"三大改造"中，最复杂也最有独创性的是对资本主义工商业的社会主义改造。

对资本主义经济，苏联是通过"剥夺剥夺者"来进行改造的。鉴于中国民族资本主义经济水平并不发达的现实国情，中国采用的是公私合营的和平赎买政策。

事实上，在对资本主义工商业进行改造的时候，资本主义经济在中国的生存环境已经发生了很大变化。原料、资金、市场等过去有利的因素都已不复存在，不少资本主义工商企业由于缺乏原材料和流动资金而陷入困境。陷入困境的私营工商业者一般都主动要求走公私合营的道路。

今天到北京来旅游的外国人，喜欢到前门的"全聚德"品尝一道叫烤鸭的美食。60多年前，这家有名的百年老店，便陷入了萧条，甚至走到山穷水尽的地步。当时的经理、全聚德第六任掌柜杨福来，为了给职工发工资，开始变卖家产，甚至把自己妻子的陪嫁首饰都卖了，但仍无济于事。北京市市长彭真知道此事后，促成全聚德搞公私合营。杨福来以资

公私合营

公私合营是中华人民共和国政府对民族资本主义工商业进行社会主义改造所采取的一种形式，也是一种较为高级的国家资本主义形式。大体分个别企业公私合营和全行业公私合营两个阶段。在个别企业公私合营时期，国家向企业派驻公方代表，增加公股，私方代表参加经营管理，私股红利约占企业盈利的四分之一。在全行业公私合营实现以后，国家开始对私股实行赎买，每年付给资本家相应的利息，私方代表或资本家逐步成为自食其力的劳动者，定息期满后，公私合营企业转变为全民所有制企业。

---

[1] 毛泽东：《〈中国农村的社会主义高潮〉序言》(1955年12月27日)，《建国以来毛泽东文稿》第5册，中央文献出版社，1991年版，第485页。

方代表身份任副经理,主管业务和接待,一直干到退休。

有了全聚德公私合营的经验,政府加快了资本主义工商业改造的步伐。但一些工商业资本家对公私合营的政策仍然心存疑虑,惴惴不安。上海信谊药厂总经理陈铭珊后来回忆说:"当时统战部也召开了座谈会,大家来学习,当时我一句话也不讲,实际上我心里有个顾虑的,我想,公私合营怎么搞?是不是共产党要把我们工厂都吃掉了?"有人甚至还说,这是"上了贼船"。有的大资本家宁愿拿出一个企业抵债,也不愿搞公私合营,说"宁砍一指,勿伤九指"。少数人则以"三停"(停工、停伙、停薪)、抽逃资金、破坏生产等手段抗拒社会主义改造。

但是,形势比人强。尽管确实存在"白天敲锣打鼓,晚上抱头痛哭"的现象,但这只是一种情感的宣泄,多数资本家从理性上还是觉得不能不走公私合营的社会主义改造道路,这是大势所趋。

为了稳定和劝说资本家,1955年10月底,毛泽东两次邀请工商界代表人士谈话,希望大家能认清社会发展规律,掌握自己的命运,主动走社会主义道路。毛泽东说:"我们的目标是要使我国比现在大为发展,大为富、大为

1955年11月,全国工商联执委会召开会议,号召全国私营工商业者接受社会主义改造。

强。""而这个富,是共同的富,这个强,是共同的强,大家都有份。"[1]毛泽东的话推心置腹,使心存疑虑的资本家们逐渐放下思想包袱。

被誉为"红色资本家"的荣毅仁,最有代表性。他经营的家族企业,拥有的资本在工商界位居前列。对于公私合营,他说:"当然我们很珍视我们的企业,但如果我们只看到自己的企业,抱住私有制不放,未免目光太小。我们还要不断地进行几个五年计划的建设,使我们的国家更发展,生活更好。所以,我对未来是抱有无穷的美好希望的。大家都好,我也在内,我又何必对私有制恋恋不舍呢?人总要有志气。"[2]

在大趋势面前,资本家的思想疑虑逐渐解开,但对自己的企业公私合营后,能够得到多少回报,自己以后干什么,心里还是犯嘀咕的。公私合营企业初期,普遍实行

20世纪50年代初,申新纺织厂总经理荣毅仁在庆祝公私合营大会上讲话。

---

[1] 毛泽东:《在资本主义工商业社会主义改造问题座谈会上的讲话》(1955年10月29日),《毛泽东文集》第6卷,人民出版社,1999年版,第495页。
[2] 中共中央文献研究室编:《毛泽东传(1949—1976)》(上),中央文献出版社,2003年版,第449页。

第三章 走进社会主义 79

1956年，社会主义改造基本完成。图为1956年1月，工商界代表向毛泽东送喜报。

定息期限的调整

1962年到期后，政府又决定延长10年。后来，因为爆发"文化大革命"，1966年9月，定息制度取消。

"四马分肥"政策，即把企业盈利分成四份，包括所得税、企业公积金、职工福利基金、资方股息红利。这时，资本家对企业仍有所有权。1955年底，中国政府推广定息制度，即将原来的资方股息红利，改为给资本家支付定额利息。通过这种和平赎买的方式，资本家不再保留对企业的所有权，但仍然参加企业的工作。

资本家最后的顾虑，实际上归结为每年到底能拿到多少定息。大多数资本家都抱着"争三望四"的心态。用他们自己的话讲，就是"三厘稍低，四厘不好讲，五厘不敢想"。政府最后决定，资本家每年拿定息五厘，即合营资产的5%，从1956年1月算起，定息期限为7年。这个政策出乎大多数资本家意料，他们是满意的。到1956年底，251.2万多户资本主义工商企业，基本上实现了公私合营。

三大改造的任务，在1956年基本完成。社会主义公有制经济成分在整个国民经济的比重达到92.9%。[1]这标志着社会主义经济制度在中国建立起来了。

---

[1] 中共中央党史研究室：《中国共产党历史》第2卷（上），中共党史出版社，2011年版，第359—360页。

在社会主义"三大改造"过程中，1954年9月，第一届全国人民代表大会召开。大会审议通过了体现人民民主原则和社会主义原则的《中华人民共和国宪法》。这部宪法明确规定："中华人民共和国是工人阶级领导的、以工农联盟为基础的人民民主国家。""中华人民共和国的一切权力属于人民。人民行使权力的机关是全国人民代表大会和地方各级人民代表大会。"宪法还规定："中华人民共和国依靠国家机关和社会力量，通过社会主义工业化和社会主义改造，保证逐步消灭剥削制度，建立社会主义社会。"

占世界四分之一人口的东方大国进入社会主义社会，在保证经济发展、社会稳定的情况下，实现了中国历史上最深刻最伟大的社会变革，确实是件了不起的事情。苏联在建立社会主义制度过程中，引起过农民和资本家的不满甚至是剧烈对抗，造成严重混乱和生产力的破坏。相比之下，中国的社会主义改造采用温和的方式，使失去私有财产的人转变成为社会主义建设队伍中的一分子，其独创性不言自明。

此外，新中国领导人在社会主义改造任务完成时，还谨慎地留下一些余地。1956年12月7日，陈云在工商界人士的座谈会上说：计划要分批。重要产品要有计划，日用产品要自由主义。毛泽东甚至说："还可以考虑，只要社会需要，地下工厂还可以增加。可以开私营大厂，订个协议，十年、二十年不没收。""可以消灭了资本主义，又搞资本主义。"[1]

遗憾的是，随着时间推移，以上这些想法没有完全落实。今天看来，新中国在向社会主义过渡的过程中，确实也有缺点和偏差。主要是在1955年夏季以后，要求过急，工作过粗，改变过快，形式也过于简单划一，以致遗留下诸如社会层面的经济创造不活跃这样一些问题。

当然，总结这些教训，不是说社会主义"三大改造"不该搞。历史的变迁总是由发展了的形势推着走的。向社会主义过渡就好像妇女生孩子，要怀胎10月，但9个月就生下来了，早产了一点，会有一些先天不足，这只能通过后天来弥补。

---

[1] 毛泽东：《同民建和工商联负责人的谈话》(1956年12月7日)，《毛泽东文集》第7卷，人民出版社，1999年版，第170页。

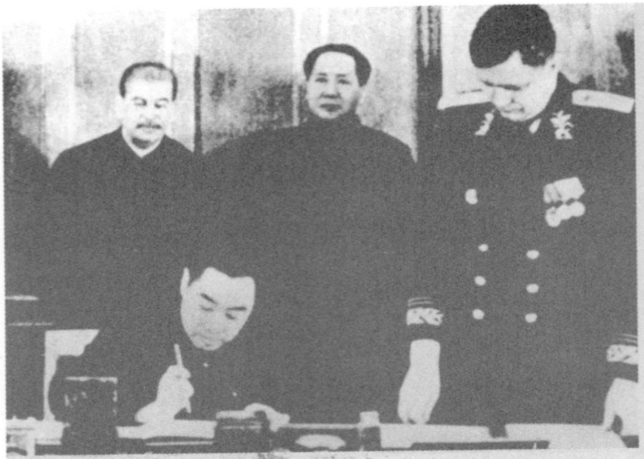
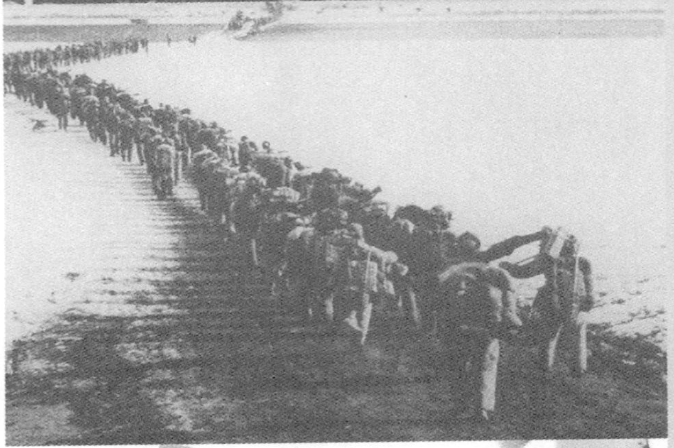
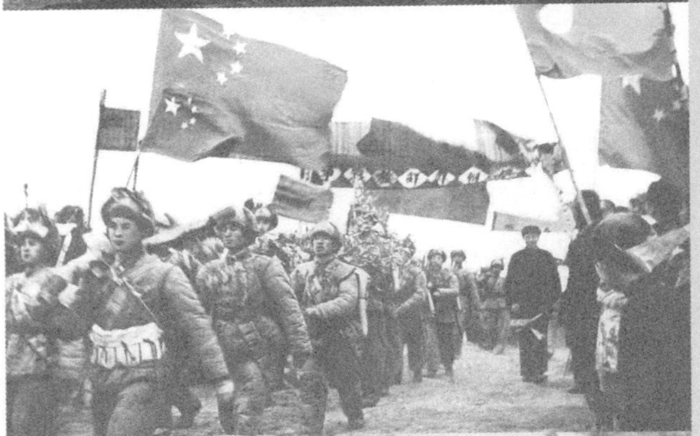
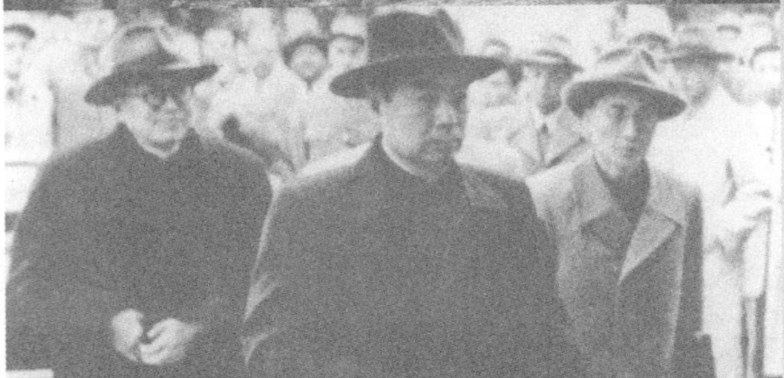

第四章

冷战格局下的突围

站到苏联一边
打得一拳开，免得百拳来
撕开经贸封锁的裂口
两个国际会议，一个中国方案

1945年1月，苏联红军从德国法西斯的统治下解放了波兰首都华沙。人们陆陆续续开始回家。老城广场，已是一片碎石。陆续回家的人们来到这里，喂养战争中幸存下来的鸽子。战争结束了，人们相信和平已经来临。

半个月后，苏联的斯大林、美国的罗斯福和英国的丘吉尔，在克里米亚半岛的雅尔塔签订协定，确定了第二次世界大战后的秩序安排。一个新的世界政治格局由此出现。

然而，这幅政治版图不久便被画上了新的标记。1946年3月5日，英国的丘吉尔在美国密苏里州富尔顿城威斯敏斯特学院发表一篇题为《和平砥柱》的演说。他在演说中爆出一句名言："一道铁幕已在整个欧洲大陆降下。"按他的解释，东欧所有的社会主义国家和人民，都被这道铁幕笼罩起来，成了苏联的势力范围。为此，西方国家应该团结起来，在各个领域实行合作，加强实力，准备反共战争。斯大林的回应是，"他们永远不愿看到这么大一片空间是红颜色的"。

从那以后，战后世界逐步陷入以苏联为首的社会主义阵营和以美国为首的资本主义阵营的冷战格局。

新中国的外交，就是在这样的东西方冷战格局下起步的。长期经历战乱的中国，犹如一只渴望和平的鸽子，它能够飞跃那道竖在东西方两大阵营之间的"铁幕"吗？

站到苏联一边

1949年1月下旬，在内战中败局已定的国民党政府正式照会各国驻首都南京的大使馆，宣布政府将迁往广州，要求各国外交使团随行。令人没有想到的是，一直坚持"扶蒋反共"的美国驻华大使司徒雷登，却态度暧昧地留在了南京，没有去广州。这位出生在中国并担任过燕京大学校长的美国人，似乎在尽最大努力试图让美国与新中国建立某种联系。

与此同时，与中国共产党在意识形态上接近的苏联，也加速了与中国共产党联系的步伐。

1949年1月31日，在中共中央所在地西柏坡，毛泽东、刘少奇、周恩来、朱德、任弼时五位主要领导人，迎来了秘密来访的远方客人——苏共中央政治局委员米高扬。米高扬是自1927年中国大革命失败后，来到中国职务最高的苏联领导人。尽管他告诉毛泽东，这次只是带着两个耳朵来听的，不参加讨论决定性的意见，但在中国共产党即将成为全国执政党的时候，派如此高级别的人来到中国，苏联的目的是明确的：了解即将建立的新中国对内对外的基本政策。

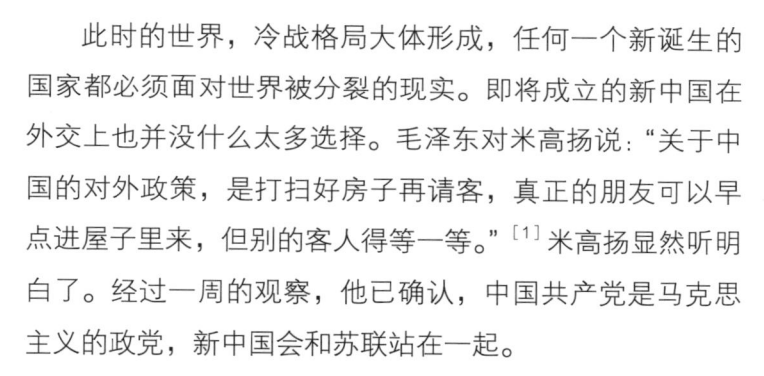

司徒雷登

此时的世界，冷战格局大体形成，任何一个新诞生的国家都必须面对世界被分裂的现实。即将成立的新中国在外交上也并没什么太多选择。毛泽东对米高扬说："关于中国的对外政策，是打扫好房子再请客，真正的朋友可以早点进屋子里来，但别的客人得等一等。"[1] 米高扬显然听明白了。经过一周的观察，他已确认，中国共产党是马克思主义的政党，新中国会和苏联站在一起。

米高扬走了，而留在南京的司徒雷登则致电美国国务院，说明自己留在南京是为便于同中共建立"新的关系"。他还私下里对中国人表示，如果新政权愿意和美国建立联系，美国愿意承认中国共产党政府，还可以援助中国50亿美元。

为此，司徒雷登积极运作，希望北上，在北平与毛泽东、周恩来会面。尽管毛泽东曾经同意司徒雷登赴北平进行非正式谈话，以此"侦察美国政府之意向"[2]，但是，美国政府却没有批准司徒雷登北上的请求。美国对华政策的

---

[1] 中共中央文献研究室编：《毛泽东年谱（1893—1949）》（修订本）下卷，中央文献出版社，2013年版，第450页。
[2] 毛泽东：《黄华同司徒雷登谈话应注意的问题》（1949年5月10日），《毛泽东文集》第7卷，人民出版社，1999年版，第293页。

第四章　冷战格局下的突围

重点事实上已转变为不仅不承认新中国，为防止新中国成为苏联的"附庸"，还要推行遏制政策。

1949年7月，就在司徒雷登试图北赴北平的时候，中共中央已派出刘少奇秘密访苏，此行的目的是同斯大林和苏共中央直接交换意见，通报中国国内形势，取得苏联对新中国政治、经济、外交各方面工作的了解和支持。

对于刘少奇的这次出访，斯大林十分重视。在刘少奇以中共中央代表团团长身份给斯大林的一份一万多字的书面报告上，斯大林连续写下15个"对"字。在会谈中，斯大林还对刘少奇明确表示："中国政府一成立，苏联立即就承认你们。"[1]中共代表团成员师哲后来回忆："历次会见都是在热情洋溢、友好诚挚的气氛中进行的。"[2]

刘少奇在苏联待了近两个月，获得了苏联给予3亿美元贷款和派专家帮助中国工作的承诺。中苏两党高层领导人之间的会谈，进一步加深了两党之间的了解，为新中国成立后毛泽东赴苏谈判做了必要的准备。

在确定中苏关系大框架的同时，中美关系的大框架也确定下来了。刘少奇还没回国，司徒雷登即已离开中国。8月5日，美国国务院发表了《美国与中国关系——着重于一九四四至一九四九年时期》的白皮书。在这个长达1054页的白皮书中，详细讨论谁丢失了中国的问题，并披露了美国政府大量援助国民党军队打内战的材料和细节。白皮书得出的结论是："中国内战不祥的结局超出了美国政府控制的能力"，"我国曾经设法左右这些力量，但是没有效果"。

对这个白皮书，毛泽东给予了直截了当的回应，在新华社连续发表了他亲自撰写的包括《别了，司徒雷登》等多篇政治评论，号召全中国人民彻底放弃对美国的种种幻想，强调只有组织力量同他们斗争，"才有希望在平等和互利的条件下和外国帝国主义国家打交道"[3]。

新中国成立了，美国的对华政策也固定下来，这就是，不承认中国共产党

---

[1] 刘少奇：《关于中共中央代表团与联共（布）中央斯大林会谈情况给中央的电报》（1949年7月18日），《建国以来刘少奇文稿》第1册，中央文献出版社，2005年版，第33页。
[2] 师哲：《在历史巨人身边》，中央文献出版社，1991年版，第418页。
[3] 毛泽东：《丢掉幻想，准备斗争》（1949年8月14日），《毛泽东选集》第4卷，人民出版社，1991年版，第1487页。

组织的新政权，继续同台湾国民党政权保持"外交关系"，并阻止其他国家承认新中国，对新中国采取"遏制"和"孤立"。这种政策让新中国领导人加深了对"美帝国主义是最危险的敌人"的判断。从这时起，中美之间开始长达20多年的对抗。

新中国成立初期，迎来了第一次建交高潮。在较短时间内，有26个国家对新中国表示了外交承认。其中，有的在明确承认新中国后很快就建立起双边外交关系，这些国家主要是以苏联为首的社会主义阵营国家和亚洲民族独立国家；有的则在澄清与国民党政权的关系等问题后，同中国建立起外交关系，有代表性的是一些北欧和中欧国家；有的虽然承认了新中国，但因为没有真正断绝与国民党政权的关系，暂时没有建立外交关系，比如英国和荷兰。

1949年8月18日，新华社发表毛泽东亲自撰写的《别了，司徒雷登》。

局面打开了，毛泽东也开始了他人生中的第一次出国访问。1949年12月，新中国成立刚刚两个月，他出访苏联。这次访苏的目的，主要是同斯大林就中苏两国间重大的政治、经济问题进行商谈，重点是处理1945年国民党政府同苏联政府签订的《中苏友好同盟条约》。这个条约是雅尔塔协定的产物，而雅尔塔协定是苏、美、英三国背着中国签订的，严重损害了中国的主权和利益。毛泽东希望新的中苏关系建立在平等、互利、友好、合作的基础上。他告诉斯大林，希望搞个"又好吃，又好看"的东西。这个东西，就是新的中苏条约。

1950年2月14日，在这个被西方称为"情人节"的日子，中苏两国签订《中苏友好同盟互助条约》，这是新中国与外国政府签订的第一个条约。毛泽东说："这次缔结的中苏条约和协定，使中苏两大国家的友谊用法律形式固定下来，使得我们有了一个可靠的同盟国，这样就便利我

第四章　冷战格局下的突围　　87

1950年2月14日，中苏两国签订《中苏友好同盟互助条约》。

们放手进行国内的建设工作和共同对付可能的帝国主义侵略，争取世界的和平。"[1]从此中苏开始结盟，两国关系进入"蜜月期"。

从1950年到1955年，苏联向中国贷款总额为56.6亿旧卢布（折合人民币53.7亿元）。中国与苏联还先后签订了三批"苏联供应成套设备建设项目中苏协议书"，共计156项。这些被人们长期津津乐道地称为"156工程"的项目，使中国基础工业和国防工业生产能力大幅度提高。苏联和东欧各国还先后同中国签订科技合作协定，并向中国派出技术专家8000多人，为中国培养技术人员和管理干部7000多人。到1959年，中国从苏联和东欧各国获得了4000多项技术资料。

在美苏冷战的大背景下，中国共产党建立的新中国站到了苏联共产党领导的苏联一边。这条道路不是人为的选

---

[1] 中共中央文献研究室编：《毛泽东年谱（1949—1976）》第1卷，中央文献出版社，2013年版，第113页。

择,而是当时国内外形势下的必然。正如毛泽东所说,根据中国革命的经验,中国人不是倒向帝国主义一边,就是倒向社会主义一边,绝无例外。骑墙是不行的,第三条道路是没有的。

打得一拳开,免得百拳来

1950年6月25日,朝鲜内战爆发。

让成立不到一年的新中国大感意外的是,美国的反应首先指向中国。6月27日,美国总统杜鲁门下令"第七舰队阻止对台湾的任何进攻"。他的理由是,"共产党部队占领台湾,将直接威胁太平洋地区的安全,及在该地区执行合法与必要职务的美国部队"[1]。美国还正式提出,台湾"未来地位的确定,必须等待太平洋安全的恢复、对日和约的签订或经由联合国的考虑"[2]。

这些干涉中国内政的决定,打乱了中国大陆派军队渡过台湾海峡、完成国家统一的战略部署和行动计划,使中国在世界冷战格局下遭受到巨大战略损失。在中国人心中,激起的不仅是失望,更是愤怒。从那以后,直到今天,作为中国内政的台湾问题始终是影响中美关系的根本症结。台湾海峡两岸不得统一,成为中国人心中的隐痛。

更要命的是,1950年9月,美军在朝鲜半岛仁川登陆,组织有16个国家参加的所谓"联合国军"直接参战。他们很快突破作为南北朝鲜分界线的北纬三十八度线,迅速向

朝韩北纬三十八度分界线
　　1945年日本投降时,美、苏两国商定在朝鲜半岛以北纬38度线作为两国接受日军投降的临时分界线,分界线以北为苏军受降区,以南为美军受降区。这条线通称"三八线"。后来这条线成为朝鲜和韩国的分界线。

---

[1] [美]哈里·杜鲁门:《杜鲁门回忆录》第2卷,世界知识出版社,1965年版,第395页。
[2] 陶文钊主编:《美国对华政策文件集(1949—1972)》第2卷(上),世界知识出版社,2004年版,第44—45页。

中朝边境推进。不断后退的朝鲜政府紧急请求中国政府出兵支援,苏联政府也建议中国派遣部队援助朝鲜。

出兵援朝,事实上是直接对抗美国。此时,新中国政权还没有完全巩固,经济社会百废待兴,人民解放军的装备更是落后。从国力上讲,美国是世界上经济实力最雄厚、军事力量最强大的国家。1950 年,美国的 GDP 是 2800 亿美元,而中国仅有 100 亿美元。中美之间的力量对比就好像婴儿与壮汉的拳击比赛。

怎么办?这对新中国的决策者来说,是个艰难的选择。中国有句成语叫"唇亡齿寒",面对朝鲜燃起的战火,中国领导人首先想到的就是这个成语。

中国政府一再向美国表明:"中国人民决不能容忍外国的侵略,也不能听任帝国主义者对自己的邻人肆行侵略而置之不理。"[1]"我们不能坐视不顾,我们要管。"[2] 中国政府还反复警告,美军不要越过三八线,这是中国的底线。

美国最高当局很自信地判断:中国没有能力单独与美国对抗,只要苏联不采取军事行动,中国作为苏联的盟国也不会出兵援朝。于是美军无视中国政府的立场,不仅越过三八线,还把战火烧到了中朝边境的鸭绿江边。经过慎重讨论,反复权衡利弊得失,新中国领导人决定派遣中国人民志愿军入朝作战,并在全国开展抗美援朝、保家卫国运动。1950 年 10 月 19 日,中国人民志愿军跨过鸭绿江进入朝鲜战场。

好几天睡不着觉的毛泽东稍微松了口气。他在中南海会见了表兄王季范和老同学周世钊等人。谈到抗美援朝,毛泽东对他们说了这样一番意味深长的话,解释为什么要出兵朝鲜:

如果要我写出和平建设的理由,可以写出百条千条,但这百条千条理由不能抵住六个大字,就是"不能置之不理"。如果置之不理,美国必然得寸进尺,走日本侵略中国的老路,甚至比日本搞得更凶。用三把尖刀插在中国的身上:从朝鲜一把刀插在头上,从台湾一把刀插在腰上,从越南一把刀插在脚下。天

---

[1]《为巩固和发展人民的胜利而奋斗》,《人民日报》,1950 年 10 月 1 日。
[2] 周恩来:《美军如越过三八线,我们要管》(1950 年 10 月 3 日),《周恩来外交文选》,中央文献出版社,1990 年版,第 25 页。

1950 年 10 月，中国人民志愿军跨过鸭绿江进入朝鲜。

下有变，它就从三个方向向我们进攻。那我们就被动了。所以，打得一拳开，免得百拳来！抗美援朝，就是保家卫国！[1]

稍微看一下中国周边的地图，就不难明白，毛泽东用"三把尖刀"来比喻当时新中国面临的威胁，是多么的透彻。"打得一拳开，免得百拳来"，揭示出在冷战格局下，新中国抗美援朝的真谛所在。

从 1950 年 10 月到 1951 年 6 月，中国人民志愿军经过五次大的战役，在付出巨大牺牲后，共歼敌 23 万余人，将以美国为首的"联合国军"从鸭绿江边重新打回到三八线，并将战线稳定在三八线附近地区。

---

[1] 中共中央文献研究室编：《毛泽东年谱（1949—1976）》第 1 卷，中央文献出版社，2013 年版，第 230 页。

战场的僵局，让双方坐到了谈判桌上。经过两年多在战场上和谈判桌上的反复较量，1953年7月27日，双方在板门店签订了《朝鲜停战协定》。"联合国军"总司令、美国陆军上将克拉克说了一句被后人反复引用的话："我执行政府的指示，获得了一个不值得羡慕的名声：我是美国历史上第一个在没有取得胜利的《停战协议》上签字的司令官。"

在长达三年零一个月的朝鲜战争中，双方投入战场的兵力最多时达300多万。美国开支战费400亿美元，消耗作战物资7300余万吨。中国开支战费62.5亿元人民币，消耗作战物资560余万吨。[1]

朝鲜战争是第二次世界大战结束后发生的第一场大规模的国际性局部战争，也是冷战时期东西方第一次在战场上兵戎相见，是一场名副其实的热战。这场战争使世界政治、经济、军事冷战格局固化，奠定了东北亚的基本政治格局。

中国人民志愿军战士奔赴朝鲜战场

---

[1] 参见军事科学院军事历史研究部：《抗美援朝战争史》第3卷，军事科学出版社，2000年版，第461页。

对于这场战争,担任中国人民志愿军司令员的彭德怀在总结报告中说:"它雄辩地证明:西方侵略者几百年来只要在东方一个海岸上架起几尊大炮就可霸占一个国家的时代是一去不复返了。"[1]

中国人民志愿军抗美援朝,无疑是一场立国之战,止战之战。打破了美军不可战胜的神话,打出了新中国的尊严,也为中国东北地区进行大规模的经济建设,打出了几十年相对安全的环境。中国军队在经历这场战争后,比较全面地经受了当时世界上最先进战争形式的考验,武器装备的更换,整整提升了一代。

正如习近平总书记在纪念中国人民志愿军抗美援朝出国作战70周年大会上的讲话中所说:"抗美援朝战争伟大胜利,是中国人民站起来后屹立于世界东方的宣言书,是中华民族走向伟大复兴的重要里程碑,对中国和世界都有着重大而深远的意义。"[2]

撕开经贸封锁的裂口

美国对中国采取的遏制和孤立政策,除了战争威胁,还有经济上的封锁。西方主流政治家大多不看好新中国的经济发展前景,认为新中国没有能力自给自足。美国国务卿艾奇逊表示,"在共产主义理论与中国的具体现实之间的第一个冲突大概会具体地在经济领域中产生","正是在对华经济关系领域中,美国具有对付中共政权的最有效的武器"[3]。

这个武器,就是经济上封锁孤立,以促使新中国自内生乱。

说起来真是恍若隔世。今天的美国,是多么希望中国购买自己能够出口的产品,但在20世纪50年代,美国不仅拒绝向中国运销自己的产品,还反对别

---

[1] 彭德怀:《关于中国人民志愿军抗美援朝工作的报告》,《彭德怀军事文选》,中央文献出版社,1988年版,第445页。
[2] 习近平:《在纪念中国人民志愿军抗美援朝出国作战70周年大会上的讲话》,《人民日报》,2020年10月24日。
[3] 《艾奇逊给国家安全委员会的报告(1949年2月28日)》,美国国务院政策规划司,藏于美国国家档案馆。

的国家向中国出口。比如，1953年2月，中国经波兰租船公司租得芬兰籍油船"维马号"，从罗马尼亚载煤油10200吨运来上海。美国知道后，先是要求芬兰政府制止"维马号"油船驶往中国，接着又要求土耳其政府就地扣留该船，但均未得逞，美国政府最后甚至考虑让台湾国民党当局的军舰击沉"维马号"油船。拖了几个月，尽管中国政府想了几种办法，让该油船能够驶向中国内地港口，但最后，"维马号"油船的船东竟然私自把中国进口的这批煤油全部卖掉了。中国不仅失去了这单生意，还蒙受巨大经济损失。

以美国为首的西方国家的封锁孤立，确实让新中国无法迅速融入世界。为了突破重围，新中国领导人颇有智慧地在有限的空间下开展起对外贸易。

朝鲜战争爆发后，为了对中国实行禁运，美国要求产胶国禁止向中国出口橡胶。由于美国囤积橡胶过多，又限制国内民用胶的消费量，还减少从产胶国的进口，致使世界市场橡胶供过于求，胶价急剧下跌。一些主要产胶国的橡胶园难以维持，印度洋上的锡兰（今称斯里兰卡），30万割胶工人面临着失业的威胁。锡兰政府曾一再要求美国给以合理价格，均遭拒绝。与此同时，由于主要输出大米的国家出口量剧减，引起国际市场大米价格猛涨。严重的经济困难特别是大米的短缺，激起锡兰民众的不满。他们在各地集会，要求政府开展对中国的贸易，以橡胶换大米。

1952年9月，两个亚洲兄弟国家走到了一起。中国与锡兰签订了以大米换橡胶为主要内容的政府贸易协定。负责此项谈判的锡兰商务贸易部部长森那纳亚克表示："这次会谈的成功对锡兰维持独立的对外贸易政策具有决定性的作用。""中国对锡兰平等相待，并在贸易条件上如此照顾，这与西方国家以殖民地对待锡兰形成强烈对照。"他还看到了协议的特殊意义——锡兰是南亚国家中第一个向中国派遣政府代表团并与之签订贸易协定的国家，这将成为南亚国家的良好榜样。

《中锡贸易协定》签订后，美国对锡兰采取了一系列制裁措施，并提出可以满足锡兰购买大米的要求。森那纳亚克告诉美国大使：锡兰同中国签订贸易协定做得很对。至于美国给锡兰的满意条件，我们已等了一年多，美国现在才准备给满意条件，太迟了。"即使能获得两倍于我们能从中国获得的利益，或者给我们500吨黄金，为了荣誉和尊严，锡兰也不那样做。"[1]1952年11月22日，当第一批大米运抵科伦港口时，锡兰人民聚集在码头上欢迎，场面很热烈。

中国的大米占了锡兰大米进口量的3/4；锡兰30万橡胶工人免于失业；锡兰政府在财政上得以增加收入9100万卢比，约占其1953年财政收入的1/10，弥补了财政赤字的1/4。锡兰的粮食紧张、橡胶销售和财政收入顿时得以纾解。

中国和锡兰的经济贸易，开创了中国和不同社会制度国家开展贸易的先河，其他亚洲国家也先后同新中国做起了生意。1953年3月14日，巴基斯坦同中国签订相互供应棉花、煤炭的贸易协定。1953年11月，印度尼西亚派出经济贸易代表团访问北京，与中国签订了政府间的贸易协定。

与上述国家"自上而下"做生意不同，中国与日本的经贸来往则始于民间。

1952年4月，三位日本国会议员帆足计、高良富、宫腰喜助在参加了苏联举办的国际经济会议后来到中国，这是日本在战后第一批访问中国的客人。6月1日，他们与中国签订了第一个中日民间贸易协议。高良富等人回国后在全国各地举行访华报告会，介绍新中国的情况，听众的反响积极正面。日本民间由此出现持续不断的促进日中贸易和恢复邦交的热潮。

1956年10月，日本工业品首次在中国北京举办展览会，但不少中国人在感情上难以接受在展览会场悬挂的"太阳旗"。毕竟，正是这个国家给中国人民带来了近代以来最痛苦的回忆。周恩来得知这一情况后，特地来到展览现场，并嘱咐工作人员，要他们向群众讲清楚，中日两国人民都是日本军国主义发动侵略战争的受害者，今天的日本人民是愿意同中国人民友好的。

在1956年10月6日日本商品展览会开幕那天，中国人看到了很多新鲜的东西。大到自动机床，小到儿童玩具，还有让年轻人爱不释手的半导体收音机和电视机这些新鲜产品。许多中央领导人都来参观，毛泽东还专门为这次展览会题了词。

民间贸易交往这个突破口一旦打开，很快就见出成效。20世纪50年代前半期就有4个《中日民间贸易协定》签订，按照日本通关统计，1955年、1956年、

---

[1] 裴坚章主编：《中华人民共和国外交史》第1卷，世界知识出版社，1994年版，第146—147页。

1964年5月,广东广州市,中国进出口商品交易会机械展厅。

1957年的日中贸易额分别是1.09亿美元、1.5亿美元、1.4亿美元。

  由于日本政府始终坚持反华立场,中日关系在20世纪50年代到60年代只能在民间展开。中国政府就此定下"民间先行、以民促官"的对日民间外交总方针。1960年8月27日,周恩来进一步提出了中日贸易三原则,即政府协定,民间合同,个别照顾。中日关系逐渐以这种"渐进积累"的方式发展起来。

  在美国推行的对华经济封锁和孤立政策支配下,西欧国家的对华外交更是举步维艰。对此,新中国领导人想尽一切办法以贸易促外交。在1954年日内瓦会议期间,中国组织了贸易代表团访问英国,成为中国派往西方的第一个贸易代表团。其后,中英贸易额迅速增长,很快从1952年英国对华出口额的300万英镑上升为1957年的1200万英镑。[1]在中英贸易关系发展的带动下,法国、瑞士、联邦德国、挪威等国的工商界代表纷纷访华,中国同西欧的贸

---

[1] 萨本仁、潘兴明:《20世纪的中英关系》,上海人民出版社,1996年版,第357页。

易有了较快增长，到 1957 年底，中国对西方资本主义国家的贸易额比 1952 年增长了 6 倍多。[1]

中国为发展经济，想办法对外开放和交流的愿望越来越明显。正是从 1957 年开始，每年春秋两季，中国出口商品交易会在广州定期举行。那时候，中国人能拿出来的大多是一些农副产品和简单的工业品。但是，作为对外交流的窗口，广州交易会一直延续到了今天。

在美国为首的西方国家的经济封锁中，新中国就这样用力撕开了一道道裂口。

两个国际会议，一个中国方案

20 世纪 50 年代中期，美苏关系开始出现了微妙的变化。美国总统艾森豪威尔提出"和平战胜战略"，希望与苏联对话谈判。斯大林的继任者赫鲁晓夫则提出，"和平共处是社会主义国家外交政策的总路线"。

虽然有和平共处的良好愿望，但在远东地区，冲突依然存在。朝鲜停战后，政治解决的原则无法确定，战火随时可能再起。在中国身边发生的另一场战争，更让人忧虑，那就是 1945 年日本投降后，法国占领越南、柬埔寨和老挝，发动的印度支那战争。新中国理解印度支那三国人民争取民族独立的迫切心情，在越南共产党的请求下，出人出物资，支持越南人民的抗法战争。而美国政府则看到了印支战争在阻止和反对共产党力量方面的作用，对法国殖民者侵略越南的战争的态度，逐渐由消极观望转变为积极支持。由此，印度支那战争面临着演变成东西方战争的危险。

在这样的背景下，1954 年 2 月，苏、美、英、法四国决定，4 月间在瑞士日内瓦举行讨论朝鲜问题和印度支那问题的国际会议。由于很难回避中国在解决这两大问题上的作用，自然需要中国参加。中国政府接受邀请后，派政务院

---

[1] 沈觉人主编：《当代中国对外贸易》（上），当代中国出版社，1992 年版，第 22 页。

总理兼外交部部长周恩来全权代表参加日内瓦会议。这是新中国成立以来第一次以大国身份登上极其复杂的多边外交舞台。

会议从4月26日开到7月21日,中间休会不短时间。美国国务卿杜勒斯在讨论日内瓦会议的准备工作时,表示日内瓦会议是一种"拖延性行动",透露出没有诚意解决和平的心迹。与此形成鲜明对比的是,周恩来在赴会前给中共中央的报告中明确表示,"我们应该采取积极参加日内瓦会议的方针,并加强外交和国际活动","我们要力争不使日内瓦会议开得无结果而散",他还提出,"在会议外,中英、中法、中加的相互关系也会触及,我们亦应有所准备"[1]。

和平解决朝鲜半岛问题和恢复印度支那和平,是缓和世界冷战格局下东北亚和东南亚紧张局势的关键,解决起来错综复杂。疲惫的周恩来在写给妻子邓颖超的信中透露:"来日内瓦已整整七个星期了,实在太忙,睡眠常感不足……现在已经深夜四时了,还有许多要事未办。"[2]

在日内瓦会议期间,周恩来和他的同伴们向世界展示了一个不一样的新中国。有位美国记者说:在日内瓦看不到共产党统治下的几亿中国人民的悲哀和愁苦,更看不到他们对共产党专政的憎恶和仇恨。听到此言,周恩来迅速做出反应,提出为各国记者播放中国第一部大型彩色影片《梁山伯与祝英台》。在发给各国记者的请柬上周恩来只写了一句话:"请你欣赏一部彩色歌剧电影——中国的《罗密欧与朱丽叶》。"放映结束,灯光复明,观众还如醉如痴地坐着,沉默了大约1分钟,才突然爆发出热烈的掌声。一位印度记者说,中国在朝鲜战争和土地改革过程中拍出这样的片子,说明中国的稳定,这一点比电影本身更有意义。[3]而一位美国记者则悟出一个道理:中国现在不要战争,要工业化。[4]

中国代表团在日内瓦会议上积极斡旋,协调各方,使这次会议最终在恢复印度支那和平问题上,达成关于在印度支那三国停止敌对行动的协议,还发表了《日内瓦会议最后宣言》(总称日内瓦协议),实现了印度支那的停战。持续

---

[1] 金冲及主编:《周恩来传(1898—1976)》(下),中央文献出版社,1998年版,第1007页。
[2] 周恩来:《真是老而弥坚——致邓颖超》,《周恩来书信选集》,中央文献出版社,1988年版,第501页。
[3] 熊向晖:《于细微处见精神——记周总理对我的几次批评》,《不尽的思念》,中央文献出版社,1987年版,第392页。
[4] 黄华:《1954,新中国外交首次轰动世界》,《解放日报》,2007年10月12日。

1954年4月26日，日内瓦会议上，周恩来总理步入会场。

了近三个月的日内瓦会议，取得了人们完全没有预料到的突破性成果。

回国后，周恩来在中央人民政府委员会上的报告中得出自己的结论："日内瓦会议的成就证明，国际争端是可以用和平协商的方法求得解决的。"[1] 毛泽东在听取周恩来汇报参加日内瓦会议的情况后，进一步对新中国的国际战

《梁山伯与祝英台》

《梁山伯与祝英台》是一部关于爱情的悲剧影片。影片用唯美的方式讲述了中国古代一对男女青年相爱却不能在一起，死后化作一对蝴蝶在人间飞舞的故事。

---

[1] 中共中央文献研究室周恩来研究组编：《周恩来画传》，四川出版集团、四川人民出版社，2006年版，第214页。

第四章　冷战格局下的突围　　99

西藏阿里地区中印边境线上的班公湖

略作出了新的估计：关门关不住，不能关，而且必须走出去。[1]

1954年，周恩来还利用日内瓦会议休会空隙，访问了印度首都新德里。印度是1950年同中国建交的，建交之初，中印之间包括边界等历史上遗留下来的一些问题并未解决。为此，中印两国在1953年底开始边界谈判。周恩来在谈判中接见印度代表团时，第一次提出和平共处五项原则。他说："新中国成立后就确立了处理中印两国关系的原则，那就是互相尊重领土主权、互不侵犯、互不干涉内政、平等互惠和和平共处的原则。"

中印两国总理在发表的联合声明中，写进了和平共处五项原则，并指出这些原则不仅适用于双边外交，也适用

---

[1] 金冲及主编：《周恩来传（1898—1976）》（下），中央文献出版社，1998年版，第1037页。

于处理一般国际关系。《印度时报》在评论这一文件时说，它"使人看到亚洲国家不同政治制度为稳定本地区的和平与便利经济建设而出现的合作新时代"[1]。一时间，中印友好的纽带得以形成，周恩来在印度所到之处，响起"潘查希拉金德巴"（五项原则万岁）的欢呼声。后来，印度首都新德里的一条大街还被命名为"五项原则大街"。周恩来随后访问缅甸，中缅确认，和平共处五项原则也应该是指导中国和缅甸之间关系的原则。

和平共处五项原则，是新中国为世界冷战格局中的国际社会实现和平提供的中国方案。据统计，到1976年，有90多个国家在同中国共同发表的文件中，都确认了和平共处五项原则。这五项原则，后来还被应用于一个又一个的中外条约，事实上成为公认的处理国际关系的准则。

如果说1954年的日内瓦会议是新中国在国际政治舞台的"首秀"，那么，1955年4月18日至24日在印尼山城万隆召开的亚非会议，新中国则因第一次扮演大型国际会议的"主角"，而受到世界的瞩目和尊重。

亚非会议是第二次世界大战后第一次没有西方殖民国家参加，由29个亚洲和非洲国家联合举行的国际会议，与会国家的人口超过了世界人口的半数。

率领中国代表团前往出席的还是周恩来。中国参加亚非会议的方针是：争取扩大和平统一战线，促进民族独立运动，为建立和加强中国同若干亚非国家的关系创造条件。

不少西方国家对亚非会议并不看好，甚至抱有敌视，说亚非会议"算不得是一件有重大意义的事件"，渲染参加国间的分歧，预测会议不可能达成任何协议。美国媒体甚

和平共处五项原则措辞变化

和平共处五项原则的措辞后来稍有改变。在1954年的中印、中缅联合声明中，平等互惠改为平等互利。在1954年10月12日的中苏联合宣言中，将"互相尊重领土主权"改为"互相尊重主权和领土完整"。

---

[1] 裴默农：《迎接中印友好高潮的首任大使袁仲贤》，《当代中国使节外交生涯》（第1辑），世界知识出版社，1995年版，第138页。

1955年4月19日，周恩来总理出席在印尼万隆召开的亚非会议，提出和平共处五项原则。

至发表了所谓"中国要夺取亚非世界领导权"的评论，意在离间中国和亚非国家的关系。

会议召开后气氛确实有些紧张。当时担任大会主席的印尼总理阿里·沙斯特罗阿米佐约甚至担心，因东西方矛盾的爆发，"会议就可能成为冲突的冷战场所"[1]。在这种情况下，周恩来决定把原来准备好的发言稿改作书面发言散发，另外作一个补充发言。

正是在这个补充发言中，周恩来提出了著名的"求同存异"方针。他说：中国代表团是来求团结而不是来吵架的。我们共产党人从不讳言我们相信共产主义和认为社会主义制度是好的。但是，在这个会议上用不着来宣传个人的思想意识和各国的政治制度，虽然这种不同在我们中间显然是存在的。中国代表团是来求同而不是来立异的。

采访这次会议的美国记者鲍大可，在撰写的新闻报道

---

[1]［印尼］阿里·沙斯特罗阿米佐约：《印尼总理眼中的周恩来》，《百年潮》，2016年第1期，第9页。

中毫不掩饰地说:"这篇发言最惊人之处就在于它没有闪电惊雷。周恩来用经过仔细挑选的措辞简单说明了共产党中国对这次会议通情达理、心平气和的态度。他也回答了在他之前发表的演说中对共产党所作的许多直接间接的攻击。""周恩来的发言是中国以和解态度与会的绝好说明,他的发言是前两天公开会议的高潮。"[1]鲍大可的结论是:周恩来"是平息争端带来和平的人物"。菲律宾外长罗摩洛则说:"周恩来是我去的时候的敌人,回来的时候的朋友。"

亚非会议通过了关于促进世界和平和合作的宣言,提出了以和平共处五项原则为蓝本的处理各国关系的十项原则。参加会议的印度总理尼赫鲁表示:"代表们曾经有过分歧,但最后,他们取得一致意见了……这是我们会议的伟大成就。"在万隆召开的亚非会议,表现出来的亚非各国人民为维护民族独立、保卫世界和平、促进友好合作而求同存异的精神,后来被人们称为"万隆精神"。

会后不久,印度尼西亚总理沙斯特罗阿米佐约访问中国。毛泽东会见他时表示:"中国是作为一个亚非国家参加这次会议的,以这种身份中国也尽了一份力量。"毛泽东还不无幽默地说,西方国家几百年以来,由于进行长期的侵略,它们对亚非两洲产生一种心理,轻视落后国家。他们说我们是有色人种,这是拿肤色来区分,就好像说有色金属那样。我们这些"有色金属"是会膨胀起来的,当然,我们不会去侵略别人。但"有色金属"是更有价值的,因为有色金属包括金、银、铜、锡等。[2]

新中国成立时倒向苏联的一边,中国与社会主义阵营的国家之间曾出现第一次建交高潮。亚非会议后不到10年的时间里,中国先后与30多个国家建交,是第二次建交高潮。这次建交高潮,使新中国在苏联为首的社会主义国家和美国为首的西方资本主义国家之外,开拓出新的国际空间。

1958年,在第二次世界大战中功勋卓著的英国元帅蒙哥马利卸任北大西洋公约组织军队的副司令,退休后的他在思考国际问题时,得出了自己的结论,即"在讨论世界问题和世界和平的时候,中国是不能被忽视的"[3]。

---

[1] [美]鲍大可:《周恩来在万隆》,中国社会科学出版社,1985年版,第9、11页。
[2] 毛泽东:《同印尼总理沙斯特罗阿米佐约的谈话》(1955年5月26日),《毛泽东文集》第6卷,人民出版社,1999年版,第410页。
[3] 《英国陆军元帅蒙哥马利说中国是不能被忽视的》,《人民日报》,1960年1月11日。

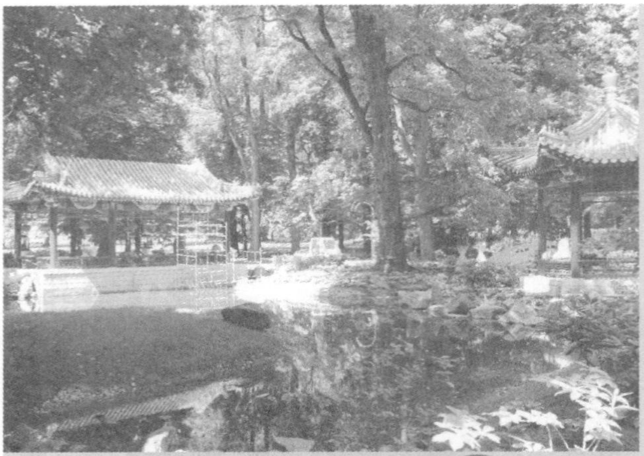

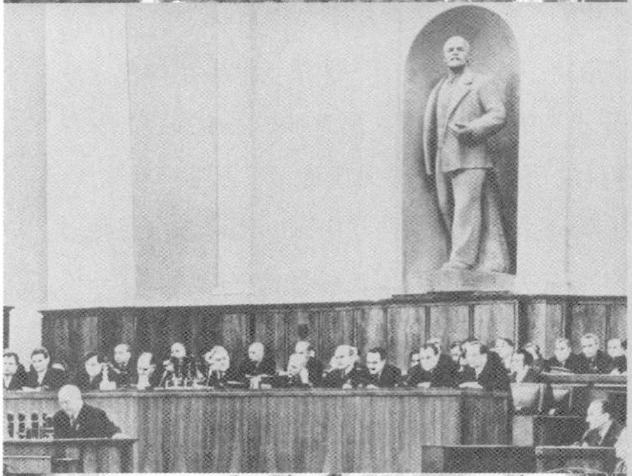

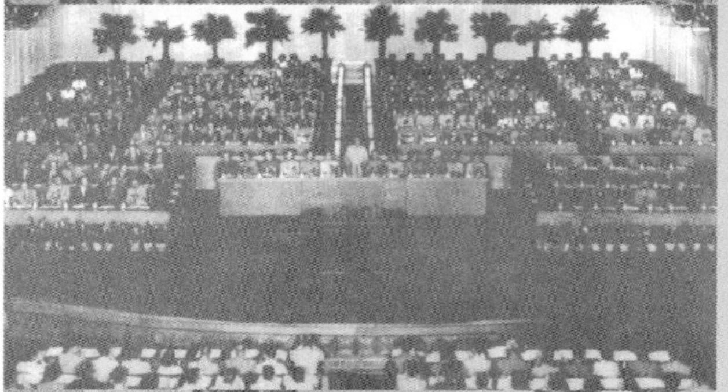

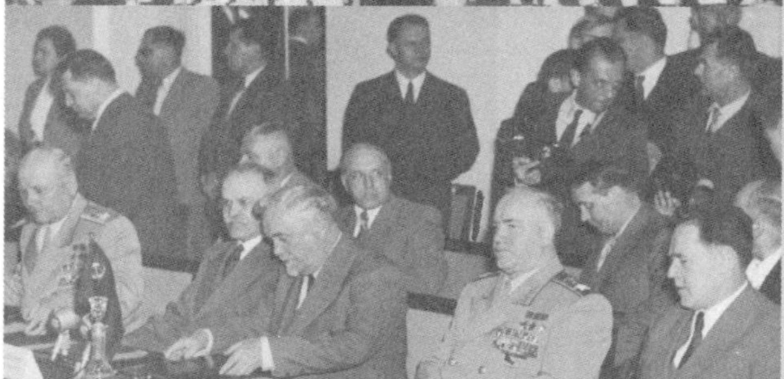

第五章

有这样一个"顶层设计"

为什么是 1956 年?
理清"十大关系"
一场盛会,一条路线
"多事之秋"的判断和选择

刘少奇的学习问题清单

刘少奇的学习问题清单包括的具体问题，如：苏联的国家组织：各级政权机构；政府中的各部门；中央与地方的关系；政权的基层组织、党的组织、政府的组织及群众团体的组织相互之间的关系；经常的武装组织、法院组织与公安组织；财政经济机构；文化教育机构；外交机构与外交斗争。苏联经济的计划与管理：工业、农业与商业的配合；国家预算与地方预算，个别工厂、机关、学校与农场的预算，国家企业、地方企业、个别工厂、机关、学校的企业与合作社企业之间的相互关系；银行的组织与作用；合作社的组织与作用；海关与对外贸易的组织与作用；税收制度与税收机构；运输机构。苏联的文化教育：各级学校的组织与制度；学校与生产部门的联系；学生的招收及对学生的待遇；学校课程；其他文化艺术工作；学术研究机关。党的组织与群众团体的组织：党的组织方式；党务工作部门；党的教育组织；党委制；党的干部管理；工会的组织方式；青年的组织方式。[1]

1949年6月26日，新中国成立前夕，中共中央书记处书记、在党内排名第二的刘少奇，率一个代表团秘密访问苏联。他在苏联待了足足50天，此行的目的，是争取苏联在政治、经济、外交各方面的支持。刘少奇还向斯大林提出，想利用"在莫斯科的短短时间学习苏联"，并列出了一份庞大的学习清单，包括苏联各种国家机构的设置、苏联经济的计划与管理、苏联的文化教育政策、苏联共产党的组织与群众团体之间的关系等，几乎囊括了治国理政的方方面面。

多年后面世的这份"胃口很大"的清单，让人们清晰地看到，从1921年成立开始做了28年"革命党"的中国共产党，此时还迫切地要学习怎样做"执政党"了。

当然，完成这一重大历史转变，既要靠向苏联学习，也要靠中国共产党自己在实践中去摸索。

为什么是1956年？

在很多关于中共党史和中华人民共和国国史的论著中，都会写道：1956年，对中国来说是一个"非常重要"或者"不同寻常"的年份。为什么这样讲？因为中国共产党在这一年遭遇着国内外形势的重大变化，而经过几年的摸索，关于社会主义建设的"顶层设计"，也在此时比较集中地推出。

这一年，新中国经由农业、手工业和资本主义工商业的三大改造，正式跨入社会主义门槛。入得门来，所看到

---

[1] 参见刘少奇：《关于向苏联学习党和国家建设经验问题给联共（布）中央斯大林的信》（1949年7月6日），《建国以来刘少奇文稿》第1册，中央文献出版社，2005年版，第23页。

的一切，并不是那么先进，在发展上仍处于落后水平。怎样才能把这个新出世的社会主义国家建设好，是在新的历史起点上必须去面对去思考的紧迫课题。那时，毛泽东很有信心，他在1956年初的一次最高国务会议上提出：我们要大发展，要争取在几十年内迅速达到世界上的先进水平。

这一年，中国的人口达到6亿，社会气氛很活跃。把国家建设好，过上好日子，是各个民族、各个阶层、各个行业的共同愿望。新中国领导人坚信，被组织和整合起来了的亿万人民，无疑是大搞社会主义建设最宝贵的资源，一定会迸发出前所未有的创造活力。毛泽东还兴奋地说：人多，热气就多，干劲大！

当然，中国的国情，除了"人口多"这一条外，还有一条是"底子薄"，就是生产力水平低，生产积累少，工业基础十分薄弱。对此，新中国领导人都喜欢一句话：一张白纸好画画。意思是说，没有基础，可以放开手脚，大力发展；如果是一个不理想的"半成品"，反倒不容易去改变和纠正。

这一年，毛泽东63岁，周恩来和刘少奇都是58岁，朱德年长一些，70岁，而年轻一些的邓小平52岁，陈云51岁，平均年龄58岁。新中国领导人大多正值盛年，是一个年富力强的领导集体。他们是经验丰富的革命家，也是富有强烈使命感的爱国者。人们对在他们的领导下，把国家建设好、过上好日子普遍充满信心。更重要的是，国家已经初步形成了社会主义制度优势，而中国共产党通过短短7年时间，也证明了它出色的执政能力。

毛泽东对美国军队分布的分析

毛泽东注意到，美国当时在全世界到处都是基地，认为"这就是自己立起一些桩，把自己的尾巴都捆在那些桩上，动都不好动"，因此不像个打仗的样子。[1]

---

[1] 参见中共中央文献研究室编：《毛泽东传（1949—1976）》（上），中央文献出版社，2003年版，第470页。

波兰华沙瓦津基公园里,中国元素俯拾皆是,20世纪50、60年代,这里曾举行过著名的中美大使级会谈。

  以毛泽东为代表的这一群新中国领导人,还是胸怀天下的政治家和战略家。他们始终密切关注着世界局势的变化。1953年朝鲜停战协议签订,1954年日内瓦会议和1955年万隆会议后,国际局势趋于缓和,中国在国际上的压力有所减轻。

  毛泽东在翻阅国际动向方面的资料时,还敏锐地捕捉到一个细节,觉得美国的军队现在这个摆法不像个打仗的样子。自抗美援朝战争后,以美国为首的西方资本主义国家对中国实行的经济封锁和政治围堵也出现松动。在中国的提议下,1955年8月1日,中国和美国在波兰华沙举行了第一次大使级会谈,终于可以"坐下来谈谈"了。此时,西欧、日本也都在修复战争创伤的基础上开始大力搞发展。

世界出现了难得的平衡,且可能会持续一段时间。这些变化,对于新中国领导人来说,既是致力于社会主义建设的难得机遇,也增加了压力和紧迫感。环顾世界,毛泽东发出了这么一句感慨:"中国是一个具有960万平方公里土地和6万万人口的国家,中国应当对于人类有较大的贡献。而这种贡献,在过去一个长时期内,则是太少了。这使我们感到惭愧。"[1]

世界工业化浪潮的蓬勃兴起,使新中国领导人感到,必须赶上时代的步伐,否则就要"被开除球籍"。基于近代以来中国的屈辱遭际,中国人普遍相信"落后就要挨打",因此毛泽东说的"被开除球籍"虽有些夸张,但并非危言耸听。结论就是,要用好目前国际休战的宝贵和平时间,再加上我们的努力,加快发展。

这一年,中国还将发生一件已经规划好的大事。在1955年10月的中共七届六中全会上,决定于1956年召开党的八大。这次大会的任务,就是要以大会决议的方式,把加快社会主义建设的路线方针确定下来。这是一次对在中国进行社会主义建设进行顶层设计的大会,新中国领导人都十分重视,早早开始筹备起来。

被开除球籍

毛泽东在1956年8月30日召开的中共八大预备会议第一次会议上说:"你(指中国)有那么多人,你有那么一块大地方,资源那么丰富,又听说搞了社会主义,据说是有优越性,结果你搞了五六十年还不能超过美国,你像个什么样子呢?那就要从地球上开除你的球籍!"[2]

利用宝贵和平时间加快发展

1956年12月5日,刘少奇在中央座谈会上说:"主席说过,我们要利用目前国际休战的时间,利用这个国际和平的时期,再加上我们的努力,就可以加快我们的发展,提早完成社会主义工业化和社会主义改造。"[3]

---

[1] 毛泽东:《纪念孙中山先生》(1956年11月12日),《毛泽东文集》第7卷,人民出版社,1999年版,第156—157页。
[2] 参见毛泽东:《增强党的团结,继承党的传统》(1956年8月30日),《毛泽东文集》第7卷,人民出版社,1999年版,第89页。
[3] 参见中共中央文献研究室编:《刘少奇传》(下),中央文献出版社,1998年版,第777页。

理清"十大关系"

20世纪50年代前期,中国向苏联学习是全方位的,而且转化成一种文化生活方式,渗透到社会的各个方面。"苏联的今天就是我们的明天"成为当时的流行语。风靡一时的苏联电影如《列宁在一九一八》,小说如《钢铁是怎样炼成的》,歌曲如《莫斯科郊外的晚上》,还有年轻女性的潮装"列宁装""布拉吉",等等,都印证了苏联文化生活对新中国的广泛影响。

如果说在文化生活上的学习有着时尚因素的话,那么在经济体制和发展道路上的学习,则多少渗透着理性认识。当时中国共产党的领导干部很重视阅读苏联总结自己建设经验的理论著作,像斯大林的《苏联社会主义经济问题》,以及苏联经济学家编写的《政治经济学教科书》这样的书,在高中级干部中几乎是人手一册。直至1958年,毛泽东还下大力气阅读并号召人们学习这两本书。理论学习的目的,当然是为了弄清楚在国家建设上,我们为什么要学苏联和怎样学苏联。

虽然搞的都是社会主义,但中苏两国的国情毕竟有诸多迥异之处。一些向苏联学习的东西,在实际工作中效果不好;还有很多方面却又是学不来的。毛泽东曾这样回顾过:三年恢复时期,对搞建设,我们是懵懵懂懂的。接着搞第一个五年计划,对建设还是懵懵懂懂的,只能基本照抄苏联的办法,但总觉得不满意,心情不舒畅。[1] 怎样才能摸出自己的门道呢?新中国领导人决心像过去搞革命一样,先搞调查

---

[1] 毛泽东:《读苏联〈政治经济学教科书〉的谈话(节选)》(1959年12月—1960年2月),《毛泽东文集》第8卷,人民出版社,1999年版,第117页。

"列宁装"

"列宁装"因列宁在十月革命前后常穿而得名,在中国演变出女装。式样为西装开领,双排扣、斜纹布上衣,束腰带。

"布拉吉"

"布拉吉"是俄文"连衣裙"的译音。特指一种苏式短袖、束腰的花布连衣裙。

研究，把国家运转和经济发展的实际情况搞清楚。

1955年12月，刘少奇不间断地找国务院一些部门汇报座谈，为起草党的八大政治报告做准备。受到刘少奇的启发，不久，毛泽东也安排一些部门来向他汇报工作情况，从1956年2月14日开始，到4月24日结束，他听取了国务院34个部门的工作汇报，整整听了43天，边听边思考边议论。这是毛泽东在新中国成立后乃至他一生中所作的规模最大、时间最长、周密而系统的经济工作调查。

就在毛泽东听取34个经济部门汇报期间，苏联发生了一件大事。

1956年2月24日，苏共二十大闭幕那天深夜，赫鲁晓夫突然向大会代表们作了一个长篇秘密报告，反思斯大林时期苏联的一些错误，斯大林顿时成为被批判的对象。这个报告泄露出来后，震惊世界。社会主义阵营的国家对

1956年，赫鲁晓夫在苏共二十大上发表讲话。

苏共二十大感到疑虑和茫然。3月，苏联的加盟共和国之一格鲁吉亚的第比利斯市发生大规模流血事件，对批判斯大林强烈不满的人群与军警发生冲突，造成数百人伤亡。

毛泽东等新中国领导人认真研究了赫鲁晓夫报告的内容和缘由，作出两个判断：一是"揭了盖子"，二是"捅了娄子"。"揭了盖子"，是说它批判了斯大林在治国理政方面的一系列重大错误，如大搞个人崇拜，蛮横专断；不承认人民内部矛盾的存在，大搞"肃反"，把不同意见的人当作反革命分子来对待，甚至肉体消灭，严重破坏社会主义法制等。"捅了娄子"，是说赫鲁晓夫以同样粗暴的方式，全盘否定了斯大林领导苏联卫国战争取得胜利、领导苏联工业化建设取得成就的功绩，实际上也就抹杀了以斯大林为代表的苏联共产党的历史功绩。由此在苏联和其他社会主义国家中引起的巨大冲击和思想混乱，不难想象。

苏联在社会主义建设中存在的显著缺点和错误，从此暴露在了世人面前。苏联体制模式已运行了几十年，出现了种种弊端，如僵化死板、降低生产活力、效率低下等，特别是由于过度重视重工业，使得国民经济中农业、轻工业的发展跟不上来，人民生活得不到应有的改善，造成了普遍的不满情绪，要求进行改革。

看来，新中国的社会主义建设，不能完全照搬苏联的经验，要继续走自己的路。事实上，中国此前学习苏联，在取得巨大成就的同时，也开始暴露出一些问题。1955年底，毛泽东即已明确提出要"以苏为鉴"，要依据中国实际情况来发展国民经济和社会文化。从这个角度讲，苏共二十大"揭了盖子"，未尝不是好事，它在一定程度上破除了中国人对苏联模式的迷信，强化了探索中国社会主义建设道路的决心。毛泽东还发出过这样的疑问："他们走过的弯路，你还想走？"[1]

毛泽东说过一句名言："调查就像'十月怀胎'，解决问题就像'一朝分娩'。"[2] 正是在40多天的调查研究过程中，他对社会主义建设问题的思路逐渐明朗起来了。

---

[1] 毛泽东：《论十大关系》（1956年4月25日），《毛泽东文集》第7卷，人民出版社，1999年版，第23页。
[2] 毛泽东：《反对本本主义》（1930年5月），《毛泽东选集》第1卷，人民出版社，1991年版，第110页。

毛泽东当时思考的重点是经济问题，也包括同经济建设密切相关的国家政治生活中的一些重大问题。他将这些问题概括成"十大关系"，于4月25日在中共中央政治局扩大会议上做了详细阐述。

这"十大关系"是：重工业和轻工业、农业的关系；沿海工业和内地工业的关系；经济建设和国防建设的关系；国家、生产单位和生产者个人的关系；中央和地方的关系；汉族和少数民族的关系；党和非党的关系；革命和反革命的关系；是非关系；中国和外国的关系。

毛泽东认为，在这"十大关系"中，工业和农业，沿海和内地，中央和地方，国家、集体和个人，国防建设和经济建设，这五条是主要的。而恰恰这五条，与苏联的工业化道路有不小的区别。如多发展一些农业、轻工业，从长远来看，能使重工业发展得更多更快，基础更稳固；要充分利用和发展沿海工业基地，发展和支持内地；加快发展经济，加强国防建设；国家、生产单位和生产者个人三者利益都要兼顾；巩固中央统一领导，扩大地方权力，发挥中央和地方两个积极性，等等。

毛泽东所阐述的这"十大关系"，体现了哲学上的唯物辩证法在治国实践中的运用，也显露出注重统筹兼顾、全面、协调、均衡的中国政治文化特征。这其中，特别注意了避免苏联体制模式中顾及一点、不及其余的简单化毛病。

毛泽东后来坦率地说过："十大关系"的基本观点，就是同苏联作比较。除了苏联办法之外，是否可以找到别的

革命和反革命的关系

《论十大关系》中说：现在应当肯定，反革命还有，但已经大为减少了。只要采取了正确的政策，就能使他们中的大多数转变，并为人民做有益的事情。[1]

是非关系

《论十大关系》中说：党内党外都要分清是非。但是，犯错误的人，除了极少数坚持错误、屡教不改的以外，大多数是可以改正的。因此，必须坚持"惩前毖后，治病救人"的方针。好意对待犯错误的人，可以得人心，可以团结人。[2]

---

[1] 参见毛泽东：《论十大关系》（1956年4月25日），《毛泽东文集》第7卷，人民出版社，1999年版，第36—39页。
[2] 参见毛泽东：《论十大关系》（1956年4月25日），《毛泽东文集》第7卷，人民出版社，1999年版，第39—40页。

办法，比苏联、东欧各国搞得更快更好。总体来说，就是原则和苏联相同，但方法有所不同，有自己的一套内容。[1]

理清"十大关系"，标志着中国社会主义建设有了初步的思路，这个思路也成为将于1956年下半年召开的中共八大的指导方针。毛泽东对他的这个建设思路，一直很重视，几年后还说，新中国成立"前八年照抄外国的经验。但从1956年提出十大关系起，开始找到自己的一条适合中国的路线"[2]。

一场盛会，一条路线

1956年9月15日，中共八大在北京开幕。这是中国共产党执政后召开的第一次全国代表大会，离上一次党代会已经过了11年时间。这次会总共开了13天。出席会议的代表1021名，代表着全国1070万党员。

八大是一次开放的大会。除了党的代表外，还邀请了国内各民主党派和无党派民主人士参加。列席会议的还有56个国家的共产党、工人党、劳动党和人民革命党的代表。

这次会议，在与会者的回忆中，是一场激动人心的盛会。它有什么重大和不同寻常之处呢？

先说毛泽东的开幕词。"团结"，或许是它的一个最重要的关键词。毕竟，党员在全国人口中只占极少数，大量的工作要依靠党外人员来做，党必须善于依靠人民群众，同党外人员合作。除了加强同各民族、各民主党派、各人民团体的团结，还要与世界上一切爱好和平的国家加强团结。在党内，思想上的主观主义、工作上的官僚主义和组织上的宗派主义，不利于团结，必须加以反对。

毛泽东的开幕词概括了八大的任务：总结党的七大以来的经验，团结全党，团结国内外一切可能团结的力量，为建设一个伟大的社会主义工业国而奋斗。

---

[1] 毛泽东：《在成都会议上的讲话》(1958年3月)，《毛泽东文集》第7卷，人民出版社，1999年版，第369页。
[2] 毛泽东：《十年总结》(1960年6月18日)，《建国以来毛泽东文稿》第9册，中央文献出版社，1996年版，第213页。

1956年9月15日至27日，中共八大在北京召开。

中国共产党是团结全国人民进行社会主义建设的核心力量。

当天下午，刘少奇代表中央委员会作政治报告。这个报告的起草，经历过长时间的反复修改，最后由毛泽东审改定稿。报告总结了中国前一阶段从苏联模式中开始走出来的经验教训，根据实际情况，从经济、政治到文化、外交直至党的建设诸方面，提出了一系列走自己道路的方针政策。报告宣布："改变生产资料私有制为社会主义公有制这个极其复杂和困难的历史任务，现在在我国已经基本上完成了。""革命的暴风雨时期已经过去了，新的生产关系已经建立起来，斗争的任务已经变为保护社会生产力的顺利发展。"

会议第二天，邓小平作关于修改党的章程的报告。按毛泽东的话说，八大党章的修改包含了一些"带有原则性的改变"。他指的是哪些改变呢？其一，是规定"中央委员会认为有必要的时候，可以设立中央委员会名誉主席一人"。毛泽东设想，他本人逐步从中央主席的繁杂事务中脱身出来，可以担任名誉主席。会上还提出了增设几位副主席和中央书记处。其二，把党的指导思想表述为"马克思列宁主义"，而不再是七大时确定的"马克思列宁主义的理论与中国革命的实践之统一的思想——毛泽东思想"。这两点重大改变，都是根据毛泽东的意见确定的。

作这些改变的目的，一是及早准备年龄结构合理、层层保险的党的核心领导层，就像多种几道"防风林"，以备不测。二是鉴于斯大林实行个人专断造成严重后果，中国共产党认为要特别强调民主集中制和坚持集体领导的原则。为此，毛泽东希望尽量不突出他本人在中央领导集体中的个人作用。

国务院总理周恩来作关于发展国民经济第二个五年计划的建议的报告。报告强调：在第二个五年计划期间，国民经济有必要而且也有可能继续保持比较高的发展速度；应该正确地处理在国民收入中消费和积累之间的比例关系，保证人民生活的逐步改善。第二个五年计划在坚持优先发展重工业的同时，强调要大力发展农业，使农业同工业发展相协调，在此基础上适当加速轻工业的建设。总之，要统筹兼顾，使得经济平衡发展。

中央书记处书记、国务院副总理陈云作题为《社会主义改造基本完成以后的新问题》的发言。他提出，大量非社会主义的经济成分迅速地转变为社会主义经济成分，必然会带来一些新的问题和新的任务。为了解决计划经济体制出现的管得过死等弊端，要把市场作用进一步扩大到计划管理范围内，搞"大计划小自由"，使计划做到"管而不死"。为此，他提出"三主体三补充"的社会主义计划经济体制构想。陈云的发言，表明社会主义中国在对待个体经营和自由市场问题上，展示出灵活性政策，明显是吸取了苏联计划经济体制走向僵化的教训。

八大的重头戏登场了。

9月27日，大会通过的关于政治报告的决议中，作出了中国进入全面建设社会主义新时期后国内主要矛盾发生重大变化的判断，这就是：在中国社会主义制度确立以后，无产阶级和资产阶级的矛盾已经基本解决，国内的主要矛盾"已经是人民对于建立先进的工业国的要求同落后的农业国的现实之间的矛盾，已经是人民对于经济文化迅速发展的需要同当前经济文化不能满足人民需要的状况之间的矛盾"。因此，党和国家的工作重点，必须转移到社会主义建设上来,"要集中力量来解决这个矛盾,把我国尽快地从落后的农业国变为先进的工业国"。

这个关于社会主要矛盾的判断,后来概括为"人民日益增长的物质文化生活需要同落后的社会生产之间的矛盾",在长达60年的岁月里,一直成为确立党的中心任务的基本依据。

关于主要矛盾的判断和时代任务的确定,对新中国来说是一个划时代的历史转变,自然引起西方舆论的高度重视。不过,西方舆论的关注重点,似乎不太放在八大的思想内涵上,而更在于会议精神和气氛。比如,美国《基督教科学箴言报》说:这次大会反映了中国共产党"巨大的权力和极大的信心";"不管承认与否,中国共产党已经使中国成为世界一大强国"。英国《星期日泰晤士报》也说,此次大会的气氛"是充满了信心、喜悦、乐观和团结的"。英国《曼彻斯特卫报》说,"有愈来愈多的迹象证明共产党政府的稳固和相当大的成就"。

西方媒体的这些判断有些道理。在中共八大上,老资格的国民党人李济深代表民主党派向大会献上的礼品,是一件象牙雕刻的艺术品,内容是20年前中国共产党和红军长征途中强渡大渡河的场景。李济深解释说,它象征着各民主党派在中国共产党领导下同舟共济,去克服前进道路上的困难。"同舟共济"这四个字,再准确不过地概括了中国共产党与各民主党派关系的历史和未来。未来前景召唤着所有的仁人志士大显身手,胸怀广阔的中国共产党成为了凝聚各种社会力量的政治核心。

"三主体三补充"

"三主体三补充"即:在工商业经营方面,国家经营和集体经营是主体,有一定数量的个体经营为补充;生产计划方面,计划生产是主体,按照市场变化而在国家计划许可范围内的自由生产是补充;在社会主义的统一市场里,国家市场是主体,国家领导下的自由市场是补充。

"多事之秋"的判断和选择

就在中国共产党召开八大前后,苏联东欧社会主义阵营又发生了两起重大事件。

第二次世界大战结束后,被苏联红军从纳粹德国占领下解放出来的东欧国家,选择和苏联站在一起,同时也选择了苏联的国家治理和经济发展道路。几年下来,经济社会发展似乎不尽如人意,苏联模式的弊端在这些国家也相应暴露出来。

赫鲁晓夫在苏共二十大上的秘密报告传出后,在波兰引起强烈反响。1956年6月28日,久蓄的不满终于爆发,波兰中西部城市波兹南的一个机车车辆制造厂工人,为抗议政府降低工资和增税政策,发动罢工和游行示威。29日,波兰政府调军队进入波兹南,游行者和军队发生流血冲突。30日,政府将原机械工业部部长费德尔斯基降职,将征收的税款分期返还给工人,为事件中的受难者举行安葬仪式等,骚乱终于平息下来。

10月19日至21日,波兰统一工人党二届八中全会召开,议题是改组党中央领导层,推举主张走"波兰式社会主义道路"的哥穆尔卡为党中央第一书记。此举让苏共中央极为担忧,他们觉得哥穆尔卡有"民族主义倾向",波兰正在走上反苏的道路。为此,赫鲁晓夫亲赴华沙进行干预。但波兰顶住苏联压力,改组后的中央政治局为波兹南事件平了反。

波兰事件发生时,苏联方面立即通知了包括中国在内的社会主义阵营的主要国家,并要求他们派遣代表团到莫斯科进行协商。周恩来带了一个代表团赴苏。毛泽东对波兰事件的看法还是比较温和的,认为它的诱因主要是国内矛盾,反映的是经济诉求,同时要求与苏平等的地位,并没有要脱离社会主义阵营和华沙条约组织,因此苏方不必干涉过多。

然而,事态在进一步演变。波兰统一工人党改组政治局的消息传到匈牙利后,不少人要求效仿波兰。人民群众对执政的拉科西·马加什政府的错误政策严重不满。一些右翼团体也乘机活动,进行政治煽动。10月23日,在匈牙利首都布达佩斯,爆发了20万人参加的示威游行。在右翼势力的煽动下,游行者提出反政府口号，冲击劳动人民党和政府的机构，还杀害劳动人民党党员及政府官员，致使游行演变成反政府暴乱。

当天晚上，匈牙利劳动人民党中央召开紧急会议，改组中央领导机构，纳吉进入中央政治局。在10月25日的政治局会议上，又选举卡达尔担任中央第一书记。随后，纳吉政府宣布退出华沙条约组织，实行多党制，并解散保安队和保安机关。局势进一步恶化，暴乱分子杀害保安队人员和共产党人，全国陷入无政府状态。直到11月4日，以卡达尔为总理的匈牙利工农革命政府宣告成立，应卡达尔的请求，苏联军队重新回到布达佩斯，各地的暴乱才被平息下来，卡达尔政府重新稳定了国内局势。

中共中央和毛泽东密切地关注着事态的发展。他们判断，匈牙利事件与波兰事件不同，严重的反政府暴乱、退出华沙条约、改革现行政治制度，这些做法的矛头直指社会主义制度本身。而匈牙利党和政府已无法控制局势，这时如果苏联撒手不管，"匈牙利这个社会主义阵地

华沙条约组织

1955年5月14日，苏联、捷克斯洛伐克、保加利亚、匈牙利、德意志民主共和国、波兰、罗马尼亚、阿尔巴尼亚8国在华沙签订《友好互助合作条约》，有效期20年。条约规定设立武装部队联合司令部和政治协商委员会等组织。同年6月4日条约生效时，华沙条约组织正式成立，总部设在莫斯科。在冷战格局下，该组织与以美国为首的北大西洋公约组织相对应。

1955年5月14日，华沙条约组织成立。

就会丧失"[1]。

回过头来看中国当时的情况，也不那么平静。1956年下半年，一些地方连续出现不稳定情况。据不完全统计，从1956年9月到1957年3月，全国约有1万多工人罢工，1万多学生罢课请愿。农村发生闹退社、闹缺粮的风潮。知识分子对时局变化最为敏感，在文化、教育、科学等问题上发表不同意见。有些人对党和政府工作中的缺点错误以及干部作风上的问题提出公开批评，其中有些批评很尖锐。对这种新情况，党内许多干部缺乏足够的精神准备，他们还想用老办法来对待新问题，"你不听话，就'军法从事'"这种用对付敌人的办法来对待人民的做法，无助于矛盾的解决，只能使之激化。

如何吸取苏联和波兰、匈牙利事件的教训，正确面对和化解社会主义社会不断出现的新矛盾，成为毛泽东在党的八大后集中观察和思考的问题。

他的基本观点是：社会主义社会充满着矛盾，这些矛盾推动着社会主义社会不断地向前发展。社会主义社会的基本矛盾仍然是生产力和生产关系、经济基础和上层建筑之间的矛盾。这些基本矛盾可以经过社会主义制度本身的自我调整和完善，不断地得到解决。这些观点，今天看来没有什么新奇的，在当时却是一个很大的理论贡献。斯大林犯错误的根源，就是长时期不承认、没弄清社会主义社会是否存在矛盾、存在什么样的矛盾这个基本问题。

毛泽东更精彩的认识还在于，提出社会主义社会存在着敌我矛盾和人民内部矛盾两类性质根本不同的矛盾。他认为，波兰发生的罢工事件尚属人民内部矛盾，而匈牙利事件的矛盾性质就发生了变化，"波兰一股风，匈牙利一股七级风，把一些人吹动摇了，思想混乱"[2]。在中国，大量存在的是人民内部矛盾。解决敌我矛盾要用强制和专政的办法；解决人民内部矛盾，则只能用民主的、说服教育的办法。

为此，毛泽东在八届二中全会上还举了一个实例，来说明正确处理人民内部矛盾的方法。在河南省某地要修飞机场，政府强迫村子里的农民搬家。农民不干，组织男女老幼，层层设防，阻挠工人进场施工。农民们还说，你拿根长

---

[1] 吴冷西：《十年论战：1956—1966中苏关系回忆录》，中央文献出版社，2014年版，第29页。
[2] 中共中央文献研究室编：《毛泽东年谱（1949—1976）》第3卷，中央文献出版社，2013年版，第25页。

棍子去拨树上雀儿的巢,把它搞下来,雀儿也要叫几声。政府后来采取和农民商量的办法,给农民作了安排,矛盾解决了,农民就搬了家,飞机场也修成了。

从1957年1月到4月,毛泽东在各种会议上,反复阐述了他的这些思考。并非共产党员的法国文学翻译家傅雷,在一次会议上听了毛泽东关于如何处理人民内部矛盾的讲话后,深有触动,当即在一封家书中评论说:

> 他(指毛泽东)的马克思主义是到了化境的,随手拈来,都成妙谛,出之以极自然的态度,无形中渗透听众的心。他再三说人民内部矛盾如何处理对党也是一个新问题,需要与党外人士共同研究;党内党外合在一起谈,有好处;今后三五年内,每年要举行一次。他又嘱咐各省市委也要召集党外人士共同商量党内的事。他的胸襟博大,思想自由,当然国家大事掌握得好了。[1]

正确处理人民内部矛盾的方法,实际上就是一种民主集中制的方法。民主,就是大家协商,充分交换意见,包括相互批评和自我批评;集中,就是要有基本原则,不能无谓分散,达成多数一致后严格执行。这样,就会避免造成社会对立、破坏社会稳定。这些主张,确实是治理社会主义国家、处理新冒出来的社会矛盾的全新思路,给人别开生面的感觉。

毛泽东真诚希望,通过妥善处理人民内部矛盾,可以防患于未然,避免在特定情况下演变成对抗性的敌我矛盾。达此目的的前提是,克服掉执政党身上脱离人民群众、不善于处理人民内部矛盾的毛病。为此,毛泽东和中共领导层决定开展全党整风,主要是克服官僚主义、宗派主义和主观主义的作风。

1957年5月1日,全党整风正式开始。中央还希望党外人士帮助党整风。毛泽东乐于看到,人们用说理的方法、讨论的方法、民主的方法,对执政党在工作中的缺点错误进行批评,提出好的建议,便于提高执政水平。开始的时候,党外人士提出的批评,尽管有的很尖锐,但基本上是诚恳的。诸如说党员不信任不尊重党外人士,高人一等,盛气凌人,等等。中央认为,这样的错误必须

---

[1] 傅雷:《傅雷家书》(增补本),生活·读书·新知三联书店,1994年版,第158页。

毛泽东讲如何处理人民内部矛盾

在1957年2月27日的最高国务会议上，毛泽东集中讲了如何处理人民内部矛盾的问题。这篇讲话经过整理补充，以《关于正确处理人民内部矛盾的问题》为题，在1957年6月19日的《人民日报》公开发表。

完全扳过来，越快越好。

有些事情往往是，运转进程一启动，往往就按照它自己的逻辑在发展，结果也就常常出人意料。整风中，各种批评意见在短时间内急剧升温，言辞越来越激烈，情况越来越复杂。极少数人把共产党在国家政治生活中的领导地位攻击为"党天下"，公然提出共产党退出机关、学校，公方代表退出公私合营的企业，要求在政权上"轮流坐庄"，认为国家宪法中规定的人民民主专政的制度，是产生官僚主义、宗派主义和主观主义的根源。

毛泽东认为党外人士帮助共产党整风的态度是真诚的，开头也是很乐观的。出现的异常局面，是他和党内领导层没有预计到的，进而引起警觉和担忧，对形势的认识和判断发生了变化。毛泽东提出，必须和右派分子打一仗，"不打胜这一仗，社会主义是建不成的，并且有出匈牙利事件的危险"。接下来，全国范围内反右派斗争开始扩大化，到1958年整风运动结束时，有50多万人戴上了"右派分子"的政治帽子。

对于反右派运动，在当时就有一种议论，认为是中国共产党搞的一个"阴谋"。理由是，你先是号召动员人们给党提意见，帮助党整风，结果又反过来打击报复，不是"引蛇出洞"的"阴谋"是什么？面对这种议论，毛泽东坦然地说：这不是"阴谋"，这是"阳谋"。

事实上，早在1942年，毛泽东在和一位作家的聊天中，就创造了"阳谋"这个概念。在他看来，"阳谋"是和"阴谋"相对的，强调的是没有必要隐瞒自己的主张和观点，无论对于党外还是党内，制定政策都应光明正大，并且根据形势的变化来调整政策。从提出正确处理人民内部矛盾，到发动全党整风，请党外人士帮助共产党改正自己的缺点错误，中国共产党都是真诚的，是对历史运行规律的一种认识和把握。在出现"轮流坐庄"这类言论后，形势变化在意料之外，随即转变政策，历史的大逻辑是清楚的。

怎样看反右派运动？1981年6月中共中央通过的《关于建国以来党的若干历史问题的决议》作出了正式结论："在全党开展整风运动，发动群众向党提出批评建议，是发扬社会主义民主的正常步骤。在整风过程中，极少数资产阶级右派分子乘机鼓吹所谓'大鸣大放'，向党和新生的社会主义制度放肆地发动进攻，妄图取代共产党的领导，对这种进攻进行坚决的反击是完全正确和必要的。但是反右派斗争被严重地扩大化了，把一批知识分子、爱国人士和党内干部错判为'右派分子'，造成了不幸的后果。"

历史渐渐远去。回顾1956年前后，新中国领导人在与苏联东欧社会主义国家的对照镜鉴中，探索如何治理和建设中国的社会主义，并在经济发展（"十大关系"）、政治方向（八大路线）、社会关系（正确处理人民内部矛盾）诸方面，大致形成了一个顶层设计的"路线图"，这是件很不容易的事。当然，世界上没有完美的"路线图"，它也还会在后来的实践中不断调整甚至变形走样。

为早日实现四个现代化贡献力量

第六章

计划时代

经济计划是怎样编制的？
老百姓的吃穿用
"搞社会主义建设不要那么急"
从发展战略到经济布局

1952年8月，周恩来率中国政府代表团访问苏联。他此行的目的是，向苏联政府通报中国第一个五年计划的编制情况。中国政府此前集中一批顶尖的经济行家，学习讨论了苏联编制五年计划的书籍，搞了一个《五年计划轮廓草案》。当结果拿给苏联征求意见时，苏方认为：它不仅不是计划，即使作为指令也不够。

于是，只好先务虚"上课"。苏联计划委员会有14个副主席，每人都来给中国政府代表团讲解应该怎样编制经济建设计划。

60多年过去了，如今的中国，搞的是社会主义市场经济，简言之，就是在经济运行中体现两个"作用"：市场在资源配置中起决定性作用，更好发挥政府作用。当今中国之所以选择这样的经济体制，是因为无论是搞市场经济，还是搞计划经济，都经历了艰难的探索和实践，明晰各自的优长和短处，拥有特殊的经验和体会。

经济计划是怎样编制的？

向苏联学习搞计划经济，是新中国的必然选择。马克思和恩格斯都论述过社会主义社会将实行计划，眼前的事实是，苏联实行高度集中的计划体制，经过1928年到1932年的第一个五年计划，便迅速地由农业国变成了工业国。第二个五年计划完成的1937年，苏联已成为仅次于美国的世界第二、欧洲第一的工业强国，为反法西斯战争积累了物质条件。第二次世界大战后，苏联又较好地执行了战后复兴和发展国民经济的五年计划，经济发展大大超过战前水平，重新成为世界第二经济大国。与此相应，联合国也一度把实行计划经济的国家等同于社会主义国家，把实行市场经济的国家等同于资本主义国家。那个年代的共产党人，推崇计划经济，是理所当然之事。

就新中国的情况来看，在经济技术落后的条件下，要尽快实现工业化的目标，依靠市场经济的自然演进显然缓慢，而且充满不确定性。通过计划体制，采取高积累机制，集中配置资源，发挥政府主导作用，则是务实可行的选择。

这也是新中国的两大政治优势，即执政党拥有强大的社会动员能力，社会主义制度能够集中力量办大事，在经济领域自然延伸。并且，新中国成立几年后，通过接收官僚资本，国营经济已经成为经济发展的主导力量，用计划的方式管理经济事实上已开始逐步实行起来。

为了尽快建立起计划经济体制，中央领导层在干部配备和机构设置上花费了很大心思。陈云以中央书记处书记的身份兼任中央财经委员会主任，主持计划制定工作，他的副手李富春是中央政治局委员。1953年，主政东北的高岗奉调进京，以中央人民政府副主席的身份兼任国家计划委员会主席，这个计划委员会，是和周恩来任总理的政务院平行的。1956年，又增设国家经济委员会，负责年度计划的编制和执行，国家计划委员会主要负责5年或更长时间的经济发展计划的研究和编制。计划工作和计划机构在国家经济管理中的特殊地位不言而喻。

在新中国，率先实行经济计划的是重工业比较集中的东北地区。四面八方的优秀干部和大学毕业生被选配到东北工作。1951年夏，23岁的朱镕基从清华大学电机系毕业后，应招到东北工业部计划处报到，他的直接上司袁宝华处长，后来长期担任国务院经济部门领导。东北工业部当时约有10个处室，计划处是最核心的部门，人数最多时达到180人。

有了优秀的领导干部和人才配备，还有苏联的帮助，制定经济计划看起来应该比较容易。然而，当新中国的计划工作者们真正做这件事时，却发现困难重重。

最先碰到的问题是专业人才准备不足。政府体制内真正能够打算盘、看图表、找资源的人才很少，矿产资源的调查资料更为匮乏。

陈云递补为中央书记处书记

1945年中共第七次全国代表大会产生的中央委员会，没有选举中央政治局常务委员会委员，只选举毛泽东、朱德、刘少奇、周恩来、任弼时5人为书记处书记。书记处书记相当于政治局常委。1950年6月4日，中共中央书记处决定："陈云在任弼时休假期内参加书记处。"同年10月，任弼时病逝。此后，陈云由中共中央书记处候补书记正式递补为中央书记处书记。

朱镕基

朱镕基，1928年生，湖南长沙人。1998—2003年任中共中央政治局常务委员会委员、国务院总理。

西洋镜

西洋镜，旧时欧美传入中国的一种游戏器具，匣子里面装着画片，匣子上有放大镜，可以看到里面放大的画面。因为器具根据光学原理暗箱操作，所以显得有些神秘。

搞经济建设计划，重点是搞工业建设的计划。什么是工业？陈云的提法很有意思："戳穿西洋镜来说，工业是一个叫'地下'，一个叫'机器'。"[1] "地下"指黑色金属、有色金属、石油、煤炭等地下资源的勘察与开采；"机器"最基本的是工作母机，地下掘出来的资源要靠机器来加工，才能成为工业品。

机器制造本来不易，要把地下的资源找出来就更难了。旧中国留下来的地质专业的毕业生只有200多人。1952年8月，地质部成立时，国家培训和调集的技术人员也只有1000多人。对于幅员辽阔的中国来说，这点勘察力量太小了。同时，进行矿产普查需要相当长的时间，资料很难整理出来。旧中国留下来的有关地下资源分布、储量、构造方面的资料，少之又少。当时，苏联对寻求帮助的中共代表团说："你们没有拥有地质资源的报告，金、银、铜、铁、锡等许许多多的矿产储量和分布情况都不明白，你们怎么建工厂呢？"[2]

不仅地质人才和资料匮乏，统计人才的情况也不乐观。据担任过国家统计局局长的薛暮桥回忆，当时苏联纳入国家计划的工业品有3000多种，中国只有300多种，其中只有30多种有统计资料，其余都是参考有关资料估计的。[3] 为此，国家计划委员会就要求统计局增加统计报表。由于要求过高，一时报不上来，计划委员会和统计局之间就常常发生矛盾。

这就是当时中国开展经济计划工作的实际水平。

---

[1] 中共中央文献研究室编：《陈云传》（上），中央文献出版社，2005年版，第815页。
[2] 中共中央文献研究室编：《陈云传》（上），中央文献出版社，2005年版，第828页。
[3] 薛暮桥：《薛暮桥回忆录》，天津人民出版社，1996年版，第231页。

那么，制定经济计划的具体流程又有什么要求呢？今天的人们对下面的描述或许会感到惊讶。

中国采用的计划方法是主要产品平衡法，这是从苏联那里搬来的。以女性必戴的发卡这种产品为例：做生产计划时，首先要对全国妇女的发卡用钢情况进行测算。近6亿人口约有3亿女性，除了小女孩以外，成年女性都需要发卡，一个人需要几对发卡，换算成需要的钢铁数，由此确定生产发卡需要多少吨钢。以此类推，当各行各业都计算出需要多少钢铁后，海量的信息汇集到国家计委，形成一个钢铁生产计划总量。随后，又根据钢铁生产总量的需求，来计算需要多少煤、多少电以及相应的交通运输能力。有了各行各业工业品生产需求的总数后，接下来就要计划需要增加多少工人和城市人口，需要多少生活必需品特别是农产品的保障，等等。

由于计划各参数之间互相影响，如果其中某些参数发生变化，原定计划就要重新制定。比如，实际生产中，一旦钢的产量达不到，其他都跟着削减；如果钢的产量增多了，其他则需要增加。于是，有些地区和部门，直到当年的12月，还在修改这一年的年度计划，被人们戏称为"一年四季编计划，春夏秋冬议指标"。

编制计划就像小孩子搭积木一样，稍有不慎，一块没有搭好，就可能导致整个积木坍塌。当时编制计划的作业方式，主要是打算盘、手工画表，一旦某个数字错了或者漏了，接下来的计划表格就全都不准确，必须重新计算，工作量无疑是巨大的。比如，20世纪50年代的国营天津酒精厂产品比较单纯，但做起生产计划来却不那么简单。学自苏联的计划表格很复杂，单是成本计划就要填报235栏，347项，6239笔。这些数字，需要3个人计算半个月，还得每天加班到晚上11点才完成上报任务。[1] 厂子不论大小都采用一样的表格，这对于人数少、管理手段落后的工厂来说是吃不消的。

从宏观上看，编制经济计划采取的是上下集合的办法。1952年颁布的《人民经济计划编制办法》的规定是"两下两上"：先由基层提出编制计划的建议数

---

[1] 刘国光主编：《中国十个五年计划研究报告》，人民出版社，2006年版，第113页。

1955年3月，国家计划委员会印制的《中华人民共和国第一个五年国民经济计划草案图表》（1953—1957年）。

字，上级机关综合平衡后提出编制计划的控制数字；基层接到控制数字后，根据生产实际编制计划草案，上级机关经过讨论和论证后，最后批准和颁布计划。

新中国制定和实施的第一个五年计划（1953—1957年），重点是发展重工业。对这样的工业化发展战略，李富春当时的解释可以说是中共领导层的共识，他说：

只有建立起强大的重工业，即建立起现代化的钢铁工业、机器制造工业、电力工业、燃料工业、有色金属工业、基本化学工业，才可能制造现代化的工业设备，使重工业和轻工业得到技术改造，才可能供给农业以拖拉机和其他现代化的农业机械，供给农业以充足的肥料，使农业得到技术改造，才可能生产现代化的交通工具，如火车头、汽车、轮船和飞机等等，使运输业得到改造；才可能制造现代化的武器装备保卫祖国的军队，使国防更加巩固。同时，也只有在发展重工业的基础上，才能显著地提高生产技术，提高劳动生产率，不断增加农业生产和消费品的生产，保

证人民的生活水平的提高。[1]

1953 年 10 月 27 日，鞍钢无缝钢管厂生产出我国第一根无缝钢管。图为第一根无缝钢管下线。

这个解释，事实上也反映了中国近代以来在实现工业化问题上积淀的历史感情和经济逻辑。

第一个五年计划期间，新中国共施工了 921 个大中型工业项目，其中由苏联援建的 156 个项目是重中之重。1953 年，第一根无缝钢管在鞍钢无缝钢管厂下线；1955 年，第一块手表在天津手表厂试制成功，第一套 6000 千瓦发电

---

[1] 李富春：《关于发展国民经济的第一个五年计划的报告》（1955 年 7 月 5 日—6 日），《人民日报》，1955 年 7 月 8 日。

机组在上海组装；1956年，第一辆"解放"牌汽车开出长春第一汽车制造厂的厂房，第一架国产喷气式歼击机在沈阳试飞；1957年，第一座长江大桥在武汉建成通车；1958年，"东方红"牌拖拉机制造装备成功……

中国的工业化，在短短五六年间，实现历史性的跨越，建立起钢铁、航空、重型机械、精密仪器、汽车拖拉机、化学药品、发电设备、矿山设备等产业部门，为建立独立完整的工业体系和国民经济体系奠定了重要基础。在以后的几个五年计划时期，中国又相继建设了电子通讯、石油化工、原子能等高端工业部门，现代工业体系更加完备。

老百姓的吃穿用

1963年3月17日，中国乒乓球队即将赴布拉格参加第27届世乒赛的前夕，国务院总理周恩来邀请他们到在中南海的家里做客，同时还请来陈毅、贺龙两位副总理作陪。出人意料的是，周恩来邀请大家时附了一项特别申明：吃饭的费用从他的工资里支出，但参加宴请的每个人却必须自己掏粮票。

在那个年代，上至国家领导人，下至普通老百姓，每个城镇居民都有自己的粮食定额和对应的粮票。总理的工资可能高一些，但每月领取的粮票与普通城市居民却是一样的，可以花钱请客，但无论如何不能花粮票请客。

城镇居民为什么要用粮票？它从哪里来？

民以食为天。由于人口众多，在中国，解决吃饭问题从来被视为天大的事情。新中国成立时，美国国务卿艾奇逊就宣称：中国人口数量庞大，吃饭问题无法解决，所以才会发生革命。一直到现在，没有一个政府解决了这个问题。有美国新闻记者替他说出了其言外之意：就是说，中国共产党也解决不了这个问题，因此中国社会将得不到稳定。毛泽东批驳了艾奇逊的观点，他说，中国人口众多，是一件极大的好事。"吃饭"的问题，完全有办法解决，那就是：生产。[1]

---

[1] 参见毛泽东：《唯心历史观的破产》(1949年9月16日)，《毛泽东选集》第4卷，人民出版社，1991年版，第1511页。

新中国成立后,农业生产恢复很快。1952年,粮食产量达到3278.3亿斤,平均每人占有粮食570斤。[1]和过去相比,确实相当不错了。但由于当时肉、蛋、奶等副食品供应非常有限,一个人每年570斤原粮也仅是够吃而已。

1953年,随着"一五"计划的实施,基本建设投资比1952年增加了一倍以上,随之而来的是各类吃商品粮的城镇人口急剧增加,农业人口的粮食消费也在不断提高,再加上自由市场上的一些粮食投机商利用产需矛盾,推波助澜,粮食供应陡然紧张起来。

按照计划,1953年7月至1954年6月这个粮食年度内,国家只能收购粮食340亿斤,粮食供应任务量却增加到567亿斤,缺口达到227亿斤。

如此巨大的粮食缺口,用什么办法解决呢?

主管这项工作的陈云,一笔一笔地算细账,想来想去,都是个两难选择。为什么说是两难?陈云的顾虑是:如果采取征购的办法,硬行从农民手里把粮食足额征上来,农民不干,政府就可能挨农民的扁担;如果不采取有效措施从农民手里把粮食足额征上来,又势必导致物价飞涨,市场混乱,政府不得不拿出紧缺的外汇到国外进口粮食,就会影响经济建设和工业化进程,国家发展不起来,最后农民还会用扁担打你。总之,"搞不到粮食,整个市场就要波动;如果采取征购的办法,农民又可能反对。两个中间要选择一个,都是危险家伙"[2]。

在推进工业化和保障人民生活的双重困境中,陈云先后设想了八种方案,供粮食部门讨论。权衡利弊,讨论来

八种方案

这八种方法是又征又配、只配不征、只征不配、原封不动、"临渴掘井"、动员认购、合同预购、各行其是。

---

[1] 赵发生主编:《当代中国的粮食工作》,中国社会科学出版社,1988年版,第62—63页。
[2] 陈云:《实行粮食统购统销》(1953年10月10日),《陈云文选》第2卷,人民出版社,1995年版,第208页。

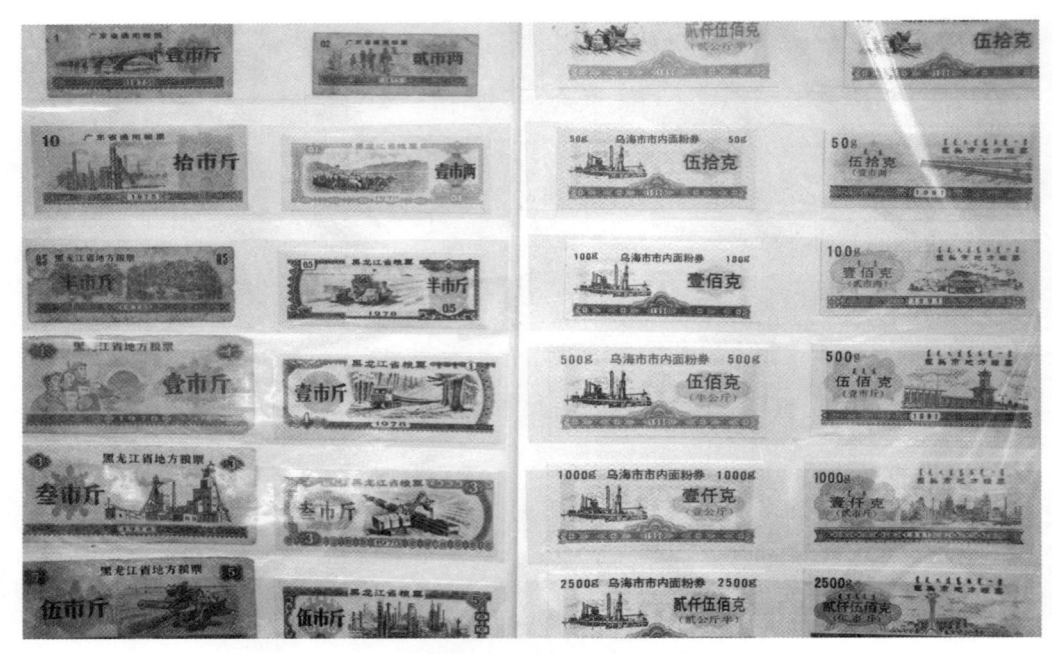

2020年10月16日，第40个世界粮食日，湖北一名票证收藏爱好者举办的个人粮票展。

统购统销退出历史舞台

1993年5月10日，北京市政府正式宣布取消粮票。到1993年底，全国95%以上的市县完成了放开粮价的改革。粮票、布票、肉票等各种票证也随之退出历史舞台。

讨论去，结论只能是"又征又配"，即向农民征购，向市民配售。中央政治局扩大会议专门讨论了陈云提出的方案，毛泽东最后表示：征购配售，统一管理，势在必行。这样做可能出的毛病，一是农民不满，二是市民不满，三是国外不满，问题是看我们的工作做得如何。当时担任粮食部长的党外人士章乃器建议，把"配售"改为"计划供应"，把"征购"改为"计划收购"，简称"统购统销"。

还好，1954年开始搞统购统销，比较顺利地稳定了粮食紧张的局势。这项在短缺经济下保障人民基本生活的重大举措，在中国大陆实行了将近40年。

今天的年轻人对此已经很陌生了，在过来人的记忆中，统购统销是同农民交售公粮、城镇居民用粮票联系在一起的。每个城镇居民每月大致有30斤左右的粮票，根据职业、年龄和性别，有些微差别，从事繁重体力劳动的

20世纪70年代，许多东西都是凭票供应，结婚时待客所需，都是四处借票购买。

多一点。如果出门办事，在本地区用地方粮票可进饭馆吃饭，跨地区则必须用全国通用粮票，粮票由此被老百姓称为"第二人民币"，光有钱没有粮票是吃不上饭的。

其他生活品的供应，也先后采取了票证制度。比如，买布做衣服，则使用配额的布票。布票配额也是比较紧张的，逢年过节给大人或者孩子换一身新衣服，是件大喜事。孩子较多的家庭，对"老大穿新的，老二穿旧的，老三穿补的"这种生活经历，记忆非常深刻。除了粮票、布票，还有油票、肉票、糖票。日用轻工业品方面，肥皂、火柴、自行车、手表之类，也先后凭票供应。

票证制度是计划经济在社会生活中的一种自然延伸。从根本上说，与短缺经济时代有关。放眼世界，在食品供给上实行票证配给制度，的确也不是新中国首创。比如，在第二次世界大战期间，法国被德国军队占领后，食品短缺，维希政府便从1940年开始对面包、红酒、食糖、牛奶、肉类、食用油乃至巧克力、咖啡、水果蔬菜等几乎所

第六章 计划时代 135

有的主要食品进行限价,进而把国民分成婴儿、儿童、青少年、成人、重体力劳动者、脑力劳动者、农民以及老人等不同的档次,实行定量配给。战后的法国,依然无法立刻结束食物配给制度,直到20世纪50年代才彻底摆脱定量供给。

新中国成立后,生活用品的供应较之从前大大增加,是旧中国无法比拟的。1953年至1957年,中国的粮食总产量由3300多亿斤增加到3900多亿斤。[1]1956年,棉布供应达到17365万匹,其中民用布为14948万匹,相当于1949年市场供应量的3倍多。[2]为什么粮食、棉布的产量增加了,市场供应仍然紧张呢?其中一个重要原因是新中国人口增长过快。仅从1953年到1957年,便由5.87亿增加到6.46亿,在此后相继达到7亿、8亿、9亿(这也是在20世纪70年代开始逐步采取计划生育政策的重要原因)。在这种情况下,实行票证制度能大体保障人民都能得到基本的生活保障。

从社会需求来看,实行票证制度,因定额有限,不能使人们的购买意愿全部实现,限制了货币购买力,但同时也弱化了消费膨胀对经济的压力,也弱化了对市场物价的冲击。而且票证是按照户籍、人口数量定向发放,分配基本公平,能有效地保护中低收入家庭的需求。

现在,人们把这种生产生活的安排方式,叫作高积累、低消费。正是靠着全体老百姓勒紧裤带过日子,新中国积累了大量的建设资金。仅在"一五"计划时期,中国在担负抗美援朝战争巨大消耗的同时,累计完成基本建设投资总额588.8亿元,按照当时的比价,相当于6亿两黄金。[3]工业方面新增加的固定资产,超过了新中国成立前100年的投资总和。

美国学者莫里斯·迈斯纳看到了这种计划体制对新中国经济建设特别是工业化进程的意义,他认为:"尽管毛泽东时代的中国经济存在着多方面的弊端,但这一时期中国经济发展的记录仍然是为中国的现代工业奠定了基础的记录。与德国、日本和苏联早期工业化的进程相比,中国的经济建设发展的速度更快。"[4]

---

[1] 薄一波:《若干重大决策与事件的回顾》(上),中共党史出版社,2008年版,第197页。
[2] 《大家都来节约棉布》,《人民日报》1957年4月20日。
[3] 彭敏主编:《当代中国的基本建设》(上),中国社会科学出版社,1989年版,第65页。
[4] [美]莫里斯·迈斯纳:《毛泽东的中国及后毛泽东的中国》,四川人民出版社,1989年版,第540页。

"搞社会主义建设不要那么急"

"一五"计划的成功实施和新中国头七年的发展成就，极大地振奋了中国人的精神。但横向相比，新中国领导层仍然觉得还应该加快速度，才能尽快地赶上时代发展潮流。比如，1957年，中国的钢产量535万吨，生铁产量594万吨。美国当年的钢产量达到了10225万吨，生铁产量达到7341万吨；英国当年钢产量是2205万吨，生铁产量是1451万吨；苏联当年钢产量是5118万吨，生铁产量是3704万吨。[1]中国的工业生产能力和发达国家相比，差距实在太大。

在毛泽东心目中，忧患与自豪并生。能否找到好的途径，尽快改变中国经济社会的落后面貌，在短时期内缩短同发达国家的差距呢？

1957年11月，毛泽东在苏联参加各国共产党和工人党代表会议时，苏联提出要在15年赶上和超过美国，毛泽东提出中国用15年的时间在钢铁产量上赶上或者超

20世纪50、60年代，全民热火朝天炼钢铁。

---

[1] 国家统计局国民经济综合统计司编：《新中国五十年统计资料汇编》，中国统计出版社，1999年版，第41页。《国外经济统计资料》编辑小组编：《国外经济统计资料（1949—1976）》，中国财政经济出版社，1979年版，第145、146页。

20世纪60年代，广东台山县端芬人民公社的农民在修筑水利渠道。

过英国。

新中国试图"弯道超车"的赶超战略，就此酝酿。1958年，正式发起一场经济上的革命——"大跃进"运动。

"大跃进"运动的核心是"以钢为纲"，加速工业化进程。

今天的中国，从中央到地方，各级政府都为淘汰落后产能特别是钢铁产能头疼不已。20世纪中期，钢铁是一个国家工业化水平的象征。无论是国防还是民用，现代化的产品和装备归根结底都离不开钢铁。在当时，它是一切机器的原料，也是"现代化"的代名词，钢铁产量由此成为国家强大与否的重要标志。

强大与否，在于实力，在于钢铁。对此，毛泽东在1960年4月的一次会议上说得很清楚："实力政策、实力地位，在世界上没有不搞实力的。手中没有一把米，叫鸡都不来。"反观中国，当时实力还不行，处在被轻视的地位，就是钢铁不够，被人看不起是应该的。"等我们年产一亿吨钢，看得起的看得起，看不起的也要看得起。"[1]

按这种想法，"大跃进"运动让"钢铁元帅"升帐，把大炼钢铁作为牵引经济跃进的牛鼻子，也就顺理成章了。"大跃进"运动中，几乎是全民办钢铁，目标是1070万吨，比1957年的535万吨钢正好翻一番。

其实，在"钢铁元帅"升帐之前，"大跃进"运动的序幕就已经拉开了。

1957年冬天，全国掀起了农田水利建设的高潮。那个年代搞水利建设，主要凭人力，通常是上千人、上万人或者几万人同时作业。挖水库、修堤坝这样的大规模工程，单靠现有规模的农业合作社的劳动力是难以完成的。许多地方为了加强集体协作，开始实行并社，即把原来规模较小的农业合作社合并为大的合作社。这样做，无形中便扩大了生产资料集体化、公有化的规模。转过年来，有个别合并而成的大合作社，便挂起了"人民公社"的牌子。

1958年8月6日，毛泽东在河南新乡七里营乡视察时，看见那里挂的是"新乡县七里营人民公社"的牌子，便高兴地说："人民公社这个名字好！"这次视察，他还到了河北、安徽、江苏、山东、天津等地，沿途讲话中，提出人民公社是实现农业生产"大跃进"的有效组织形式。8月9日，他在山东明确说："不要搞农场，还是办人民公社好，和政府合一了，它的好处是，可以把工、农、商、学、兵合在一起，便于领导。"[2] 新华社对此很快作了报道，"人民公社"的名字立即传遍全中国。

毛泽东回北京不久，中央便正式作出建立人民公社的决定。到1958年年底，全国74万个农业合作社被2.6万个人民公社代替，全国99%以上的农户参加了公社。[3]

和以前的合作社相比，人民公社最突出的特点是"一大二公"。所谓大，是指规模大，一般情况下是一乡一社，也有数乡一社的，下设生产大队、生产队。

---

[1] 中共中央文献研究室编：《毛泽东年谱（1949—1976）》第4卷，中央文献出版社，2013年版，第374页。
[2] 中共中央文献研究室编：《毛泽东传（1949—1976）》（上），中央文献出版社，2003年版，第828—829页。
[3] 中共中央党史研究室：《中国共产党的九十年》（社会主义革命和建设时期），中共党史出版社、党建读物出版社，2016年版，第501页。

20世纪60年代，广西东南部博白县沙河人民公社的小麦获得丰收，社员正在丰盛的麦田里选种。

"三级所有，队为基础"

中央在对人民公社政策的调整过程中，规定生产资料和产品分别归公社、生产大队和生产队三级所有，生产队一级为基本核算单位。生产队规模大体相当于兴办人民公社前的初级农业合作社。

取消人民公社体制

1983年10月12日，中共中央、国务院发布《关于实行政社分开建立乡政府的通知》，正式取消人民公社体制，恢复乡（镇）体制，以村、村民小组取代了原来的生产大队和生产队。

所谓公，就是在公社内部无偿调用各生产队的生产资料、劳动力，分配上，许多地方实行各个生产队贫富拉平的办法。

作为政社合一的体制，人民公社建立的初衷是实现农林牧副渔全面发展、工农商学兵相互结合，并作为向共产主义过渡的组织形式。生活上，不少地方办起公共食堂。这种生产生活方式，最初给许多人以新奇感，但很快就显现出弊端，难以为继。像在各个生产队之间平均分配财物，农民集体吃公共食堂的做法，实行一段时间后便叫停了。生产资料明确为"三级所有，队为基础"。至于人民公社这种政社合一的体制，则延续了20多年。

"大跃进"运动是1958年5月召开的党的八大二次会议正式全面发动的。所谓"大跃进"，在城市是"以钢为纲，带动一切"；在农村，"以粮为纲，全面发展"。各方面的生产计划指标定得很高。毛泽东提出，计划可以搞"两本账"，地方的第二本账可以高于中央的第一本账。这就导致发展计划的指标层层加码。一时间，无论在农业方面还是在工业方面，都提出了不切实际的目标口号。当时，在工农业生产当中，把创造新的生产纪录称为"放卫星"，报纸和电台报道了许多地方"卫星"竞相"上天"的情况。

"大跃进"运动的初衷,是在最短的时间里改变中国经济社会的落后面貌,结果却事与愿违,欲速而不达。1958年底,全国投入大炼钢铁的劳动力超过了1亿,几乎是全国总人口的六分之一[1],而盲目炼出来的钢铁许多是不能用的半成品。由于大批农村劳动力被占用,一些已成熟的庄稼烂在地里无人收割,造成农业"丰产不丰收",困难局面开始显现。此外,"大跃进"运动还打破了国民经济的平衡,造成工农业发展比例失调。

针对"大跃进"运动中出现的问题,毛泽东深感还没有摸到社会主义建设的规律。为了克服困难,找出问题的原因,他号召各级干部作深入的调查研究。他还作自我批评:"最近几年,我们对实际情况不大摸底了,大概是官做大了。我这个人就是官做大了,我从前在江西那样的调查研究,现在就做得很少了。"[2]随后,毛泽东亲自组织三个调查组,分别赴浙江、湖南、广东作农村调查。刘少奇、周恩来、朱德、陈云、邓小平等也先后深入基层进行调查研究,以摸清情况,问计于民。

通过调查研究,中央领导层大体摸清了情况。中央决定对国民经济发展和经济管理体制进行调整和改革,先后制定了《国营工业企业工作条例(草案)》70条,其中的"两参一改三结合"原则和经验,后来竟漂洋过海,到了日本,给日本的现代企业管理很大的影响。此外,还制定了《农村人民公社工作条例(修正草案)》60条、《关于改进商业工作的若干规定(试行草案)》40条,等等。1963年

"两本账"

中央和地方都有"两本账"。中央的两本账:一本是必成的计划,这一本公布;第二本是期成的计划,这一本不公布。地方也有两本账:地方的第一本就是中央的第二本,这在地方是必成的;第二本在地方是期成的。

"两参一改三结合"原则

两参,即干部参加生产劳动,工人参加企业管理;一改,即改革企业中不合理的规章制度;三结合,即在技术革新和技术革命运动中实行企业领导干部、技术人员和工人三结合的原则。

---

[1] 谢春涛:《大跃进狂澜》,河南人民出版社,1990年版,第90页。
[2] 毛泽东:《大兴调查研究之风》(1961年1月13日),《毛泽东文集》第8卷,人民出版社,1999年版,第237页。

1962年1月11日至2月7日,中共中央在北京召开扩大的中央工作会议。参加会议的有县委以上的各级党委主要负责人7000人,因此这次大会又称"七千人大会"。

托拉斯

托拉斯是英文 Trust 的音译。它是资本主义生产和资本的集中达到很高的程度后产生的垄断组织的高级形式。它由许多生产同类商品和与产品经营有密切关系的企业合并组成。在社会主义国家,托拉斯是社会主义企业的组织形式之一。

至1964年间,还试办了烟草、盐业、医药、橡胶等12个托拉斯,按照专业化协作原则实行工业改组,由原来多头的行政领导改为由托拉斯统一领导,成效不错。

事非经过不知难。经济建设经历严重挫折后,新中国领导人对建设社会主义的艰巨性和长期性有了更深刻的认识。在1962年初的七千人大会上,毛泽东重申:在中国要建设强大的社会主义经济,估计要花一百多年。他告诫各级领导干部:"搞社会主义建设不要那么十分急。十分急了办不成事,越急就越办不成,不如缓一点,波浪式地向前发展。这同人走路一样,走一阵要休息一下。"[1]

---

[1] 毛泽东:《大兴调查研究之风》(1961年1月13日),《毛泽东文集》第8卷,人民出版社,1999年版,第236页。

中央领导层还意识到，在优先发展重工业的条件下，各个经济部门之间的发展保持适当的比例平衡；有多少钱办多少事，投资要量力而行，如果计划投资超出国力，待到算总账的时候，最终损失的还是国家和人民的利益。于是，1965年"三五"计划方案出来后，毛泽东看后不太满意，认为指标太高，建设规模太大，留的余地太少。他强调要注重农业、轻工业、重工业的平衡，把老百姓的吃、穿、用放在突出位置。

1970年11月，毛泽东同外宾谈到中国经济建设的体会时说：管经济很不容易。我们早先不会搞，经过几个转折，搞得稍微好一点，才学会了一点。

从发展战略到经济布局

1964年12月下旬，国务院总理周恩来在第三届全国人民代表大会第一次会议的政府工作报告中，郑重宣布：

社会主义建设宣传画——为早日实现四个现代化贡献力量

"三步走"战略

1987年10月，中共十三大正式确立"三步走"战略：第一步，到20世纪80年代末，实现国民生产总值(GNP)比1980年(人均250美元)翻一番，解决人民的温饱问题；第二步，到20世纪末，使国民生产总值再增长一倍，人民生活总体上达到小康水平；第三步，到21世纪中叶，人均国民生产总值达到中等发达国家水平，人民生活比较富裕，基本实现现代化。在前两步目标已完成的情况下，2002年1月，中共十六大提出，要在21世纪头20年，集中力量，全面建设小康社会。在全面建成小康社会的任务即将完成的情况下，2017年10月，中共十九大把2020年到21世纪中叶分成两个阶段来安排：第一个阶段，从2020年到2035年，在全面建成小康社会的基础上，再奋斗15年，基本实现社会主义现代化；第二个阶段，从2035年到21世纪中叶，在基本实现现代化的基础上，再奋斗15年，把中国建成富强民主文明和谐美丽的社会主义现代化强国。

在不太长的历史时期内，把中国建设成为一个具有现代农业、现代工业、现代国防和现代科学技术的社会主义强国。为实现这个目标，中国的发展战略分为两个步骤：第一步，经过三个五年计划时期，建立一个独立的比较完整的工业体系和国民经济体系；第二步，全面实现农业、工业、国防和科学技术的现代化，使中国经济走在世界的前列。

毛泽东时代在经济建设上追求的目标，先是叫中国式的工业化，从1964年起，讲得更多的是"四个现代化"。

"四个现代化"目标和"两步走"的战略构想，比"以钢为纲"的工业化发展战略更为丰富，展示出更具体可行的中国经济发展蓝图。

这幅蓝图从1964年作为国家意志一经确立，此后便没有改变过，即使在"文化大革命"那个乱糟糟的岁月，1975年初召开的第四届全国人民代表大会也再次郑重地重申。毛泽东逝世后，被称为中国改革开放总设计师的邓小平，仍然把"四个现代化"作为经济发展战略目标，来凝聚全国人民的意志。此后，经过反复论证，邓小平提出经过"三步走"来实现中国现代化目标。

现代化的追求，总是离不开对国情的认识。由于历史和地理原因，广袤的中国，各地经济社会发展很不平衡。如果你是一个徒步旅行者，自西向东横穿中国大陆，将会看见各种生产方式递次展开，从刀耕火种、手提肩扛，直到电光石火，汽车轮船；你还会发现，十分有限的现代工业，又集中于沿海一隅。

新中国领导人从20世纪50年代开始，就想改变这种不平衡的经济布局。毛泽东在他的名著《论十大关系》中，就专辟一节讲沿海与内地的经济关系。从20世纪50年代末开始，他又号召知识青年和拥有技术专长的职工赴边疆、赴西部工作就业。

在提出"四个现代化"战略目标的 1964 年，改变中国经济布局的战略步骤正式开始实施。

1964 年 4 月，中央军委总参作战部就国家经济建设如何防备敌人突然袭击问题做了专门的调查研究，并写成报告转呈毛泽东。报告指出，中国工业过于集中，大城市人口多，主要铁路枢纽、桥梁和港口码头，都在大城市附近，所有水库紧急泄洪能力都很小，等等。根据报告，一旦发生战争，后果将是十分严重的。

这年 8 月，美国入侵越南的战争升级。作为唇齿相依的邻邦，越南的形势牵动着新中国领导人的神经。当时的中国大陆，东面，美国支持下的台湾蒋介石政权声称要反攻大陆；南面，是美国军队入侵越南北方；北面，中苏关系进一步恶化，苏联在中苏边界陈兵百万。中国的东、南、北三面都面临战争威胁，战略支点唯有向西部广袤地区转移。

为此，毛泽东正式作出"三线建设"的重大决策。

中央一声令下，全国迅速行动。据不完全统计，从 1964 年下半年到 1965 年，在西南、西北三线地区新建、扩建、续建的大中型项目达 300 项。四川攀枝花钢铁工业基地、甘肃酒泉钢铁厂、成昆铁路、重庆兵器工业基地、成都航空工业基地、西北航空航天工业基地、核工业新基地、湖北第二汽车厂等，都是其中的重点项目。[1] 从一线搬迁到三线的工厂约有 400 个。为了支援三线建设，全国各地调集的都是精兵强将和好设备，当时称之为"好人好马"

"三线建设"

1964—1980 年在中国中西部进行的一场以备战为指导思想的大规模国防、科技、工业和交通基本设施建设。中央将全国划分为一线、二线、三线地区。一线地区是指东北及沿海各省市；三线地区指四川、贵州、云南、陕西、青海、甘肃、宁夏、山西、河南、湖北、湖南等 11 个省区；二线地区是介于一、三线之间的中间地区。"三线建设"历时十余年，耗资 2000 亿元，是中华人民共和国成立以来的一次国民经济、区域经济、战略安全布局、生产力布局的大调整。

---

[1] 中共中央党史研究室：《中国共产党的九十年》（社会主义革命和建设时期），中共党史出版社、党建读物出版社，2016 年版，第 534 页。

"三线建设"项目之一的重庆双溪兵工厂

上三线。

在"三线"项目中,四川南边的攀枝花钢铁基地是重点中的重点,意义非凡。

毛泽东对攀枝花项目看得很重,面对选址中的不同意见,他果断提出:"攀枝花有煤有铁,为什么不在那里建厂?钉子就钉在攀枝花!"[1]他还风趣但又不失严肃地说,你们不搞攀枝花,我就骑着毛驴子去那里开会;没有钱,拿我的稿费去搞。

1965年初,国家调集5万多职工从全国各地汇集攀枝花。仅攀枝花钢铁基地的设计,就组织了来自全国100多个科研、设计、施工、设备制造单位的1300多人,进行了一场世界历史上罕见的弄弄坪(攀枝花钢铁基地所在地名)"设计大会战"。同时,从全国各地征调的几千辆汽车把物资和生活用品源源不断送到攀枝花,到1970年成昆铁路通车以前,共运送物资800多万吨。

"三线建设"当然也有缺点,诸如经济效益差,浪费比较严重,弱化了沿海的一些工业基地等。但从大局上来讲,经过大规模的"三线建设",使中国拥有了广阔的战略大后方,在当时战争威胁的环境下,相当于是在西部纵深地带为国家安全购买了一份"保险"。

从全国经济布局来看,"三线建设"促使中国西部与东部的经济水平差距开始缩小。到改革开放前,西部地区不仅建成了一大批工业、交通基础设施项目,还新设了许多科研机构和院校,形成了攀枝花、绵阳、六盘水、宝鸡、酒泉等一批新兴工业城市。这些,都大大促进了西部地区的经济社会发展。

进入20世纪70年代,世界形势发生了很大变化。美苏争霸中,美国处于守势。出于自身利益考量,美国政府同中国接触,以抗衡苏联。西方发达国家此时也遭受经济危机的冲击,资本过剩,急于找出路。在中国1971年恢复联合国席位后,世界的大门对中国打开了,西方发达国家纷纷和中国建立外交关系或实现关系正常化。中国经济发展的外部环境,从此大大改变了。

1971年8月底,毛泽东乘专列到长沙视察。他给身边的工作人员放了

---

[1] 薄一波:《若干重大决策与事件的回顾》(下),中共党史出版社,2008年版,第846页。

"的确良"

"的确良"又称涤纶，英文为polyester。"的确良"材料的衬衣和裤子，较为笔挺，不起皱，比棉布的好看，深受那个年代的年轻人喜爱。

假，让他们到处走走，买点东西，搞些调查。有一位女工作人员回来后非常高兴，毛泽东问她怎么回事，她说，千辛万苦排了半天队，终于买到一条"的确良"裤子。这件事让毛泽东深受感触。不久他同周恩来谈起这件事，问为什么不能多生产一点"的确良"？还说，做这件事不要千辛万苦，百辛百苦行不行？周恩来说，我们没有这个技术，还不能生产。毛泽东又问，能不能买？周恩来回答可以。

毛泽东和周恩来的一问一答，揭开了中国经济对外开放的序幕。

从1972年1月开始，根据周恩来的安排，国家计委先后报送了《关于进口成套化纤、化肥设备的报告》和钢铁工业引进联邦德国"一米七轧机"的计划，到1973年初，国家计委正式形成《关于增加设备进口、扩大经济交流的请示报告》，正式提出从国外进口成套设备和单机的方案。这个方案因为计划的盘子很大，需要43亿美元，被人们称为"四三方案"。方案即刻得到批准和实施。这是新中国继20世纪50年代引进苏联援建的"156项工程"之后，第二次大规模引进技术设备。这些项目陆续建成投产后，成为20世纪80年代中国经济迅速发展的重要基础。

从新中国成立到毛泽东1976年逝世，一共搞了四个五年计划。国家基本建设投资累计达4956.4亿元，工业年均增长11.1%。中国在"一穷二白"的基础上，逐步建成了一批门类比较齐全的基础工业项目，涉及冶金、汽车、机械、煤炭、石油、电力、通信、化学、国防等领域，为国民经济的进一步发展打下坚实的基础。毛泽东时代的中国经济发展，确实走过不小的弯路。但正如邓小平后来所说："我们尽管犯过一些错误，但我们还是在三十年间取得了旧中国几百年、几千年所没有取得过的进步。"[1]

"四三方案"

"四三方案"计划引进的项目包括：13套大化肥、4套大化纤、3套石油化工、1个烷基苯工厂、43套综合采煤机组、3个大电站、武钢一米七轧机以及透平压缩机、燃气轮机、工业汽轮机制造工厂和斯贝发动机等项目。

---

[1] 邓小平：《坚持四项基本原则》(1979年3月30日)，《邓小平文选》第2卷，人民出版社，1994年版，第167页。

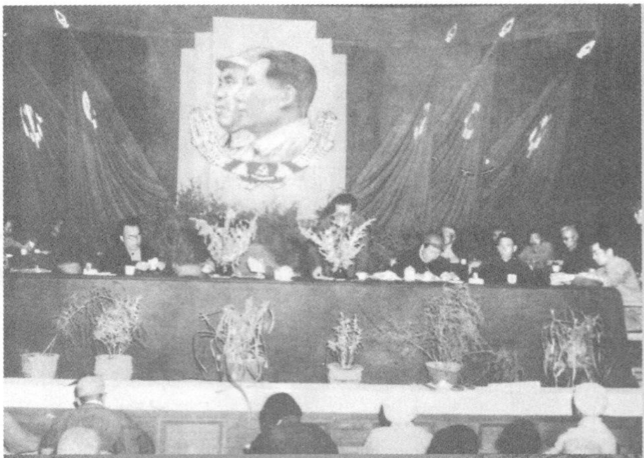
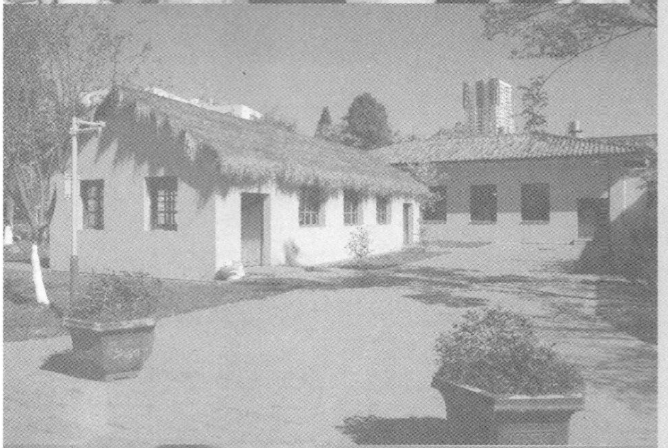
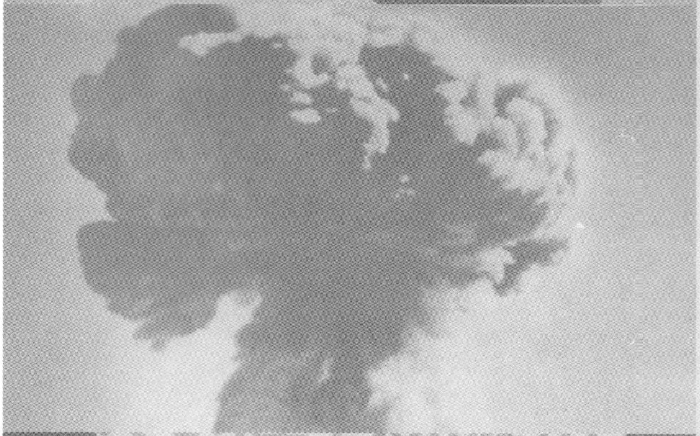
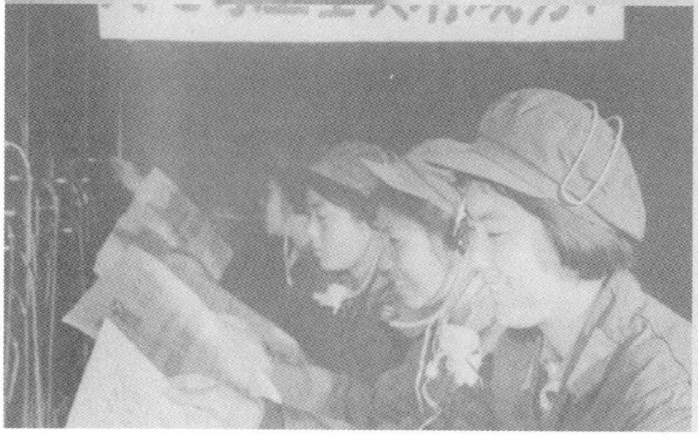

第七章

面对知识分子

原本是"书生"
团结、教育、改造
百花齐放、百家争鸣
打好科学技术这一仗

1949 年 5 月 5 日，在紧邻紫禁城的北京饭店里，曾经分割在国民党统治区和解放区的各路文化科技名流，济济一堂，开了一个座谈会，以纪念五四运动 30 周年。30 年前那一代觉醒的知识分子，选择了不同的救国之路，经历坎坷奋斗，在一个即将开启的新的时代"会师"了。

亲历五四新文化运动的文学家俞平伯很有感慨，他说："大时代的确已到了！"他还形象地打了一个比喻：五四运动时"开了一张支票"，"却在三十年后的今天给兑了现"。[1]

当然，新中国的成立，并不是兑现承诺的结束，而是一个新的开始。

能否领导好知识分子建设一个新的国家，虽说是一场新的考验，但中国共产党还是自信的。周恩来直率地告诉知识分子，为什么中国共产党"敢说领导建设"，因为"我们知道如何推动和组织大家一起前进"。[2]

原本是"书生"

如何推动和怎样组织知识分子投入新国家的建设？新国家实行什么样的科学文化发展方针？怎样一步步地追赶世界科学发展的脚步？想要回答毛泽东时代这些特殊的文化问题，不得不从新中国的这群缔造者本身讲起。

在西方，提起中国共产党的"红色领袖"，人们常常会想到这样的标签："草莽出身""农民作风""会打仗""理想主义"等。事实上，他们中的大多数原本都是读书人，有知识，怀抱浓浓的"书生意气"。他们从城市走向农村，再从农村走向城市，从推翻旧世界的革命者，成为新国家的领导者，其原本携带的文化种子和文明抱负，是不应该被忽略的。

新中国成立后，中共中央的领导机构是 1945 年选出的第七届中央委员会、中央政治局、中央书记处。在 15 位政治局委员中，有 8 位有过海外学习的经历，还有的则在国内读过大学，读过师范，读过军校。

---

[1] 俞平伯：《回顾与前瞻》，《人民日报》，1949 年 5 月 4 日。
[2] 中共中央文献研究室编：《周恩来传（1898—1976）》（上），中央文献出版社，2008 年版，第 853 页。

1945年，在中共七届一中全会上，毛泽东、朱德、刘少奇、周恩来、任弼时当选为中央书记处书记。

  青年毛泽东曾在专业的选择上举棋不定，先后报考了警察学堂、肥皂制造学校、法政学堂、公立高级学校、师范学校等，但他的职业理想却是教师和记者。作为诗人，直到80岁时，还写了一首题为《读〈封建论〉呈郭老》的七律诗，与历史学家郭沫若交流读唐代一篇政治论文的心得。

  新中国的"大管家"周恩来，年轻时便在写作上表现出过人的天分。22岁时，作为天津《益世报》的旅欧通讯员，曾在一年多的时间内撰写了57篇通讯。这些文字换得的稿费补贴他在欧洲的学习和生活。直到晚年，他还想仿照巴金的《家》，写一部以自己家族为原型的长篇小说，还事先取了一个书名，叫作《房》。

第七章　面对知识分子

商务印书馆

商务印书馆，1897年创办于上海，是中国近现代出版业中历史最悠久的出版机构，与北京大学同时被誉为"中国近代文化的双子星"。

在新中国长期负责经济工作的陈云，早年曾在商务印书馆工作了近八年时间。在这个与书打交道的地方，他通过自己的努力，从小学生变成了知识分子。他不仅成为新中国领导层懂经济的内行，而且一生酷爱中国江南地方的评弹艺术，甚至亲自指导修改《珍珠塔》《孟丽君》等著名曲目的文句。

新中国的元帅聂荣臻，早年一心想着工业救国，考取了比利时沙洛瓦劳动大学的化学工程系，学号是351号，之后又在雷诺汽车厂和西门子电气公司做过技术工作。新中国成立后，他是长期主持全国科学技术工作的副总理，也是国防工业和尖端科技工作的直接指挥者。

长征途中被推举为党中央的总负责人，新中国成立后曾担任外交部副部长的张闻天，早年也是醉心文学，发表过诗歌、散文以及长篇小说。61岁开始，他在中国顶尖级的经济研究所里担任了近十年的特约研究员，留下了大量的经济学论文。

这是一群亲近文化、向往先进文明的知识分子。

在开国大典前，毛泽东就颇有信心地预言："随着经济建设的高潮的到来，不可避免地将要出现一个文化建设的高潮。中国人被人认为不文明的时代已经过去了，我们将以一个具有高度文化的民族出现于世界。"[1]

在开国大典上，当毛泽东在天安门城楼上一一念出行使国家权力的中央人民政府委员名单时，人们再次感受到新政权对知识和学问的偏爱。在56位中央人民政府委员中，具有大学及其以上学历的近三分之一，有18人；考取过清王朝进士、举人和秀才的有6人。他们中有7位国内

---

[1] 毛泽东：《中国人从此站立起来了》(1949年9月21日)，《毛泽东文集》第5卷，人民出版社，1996年版，第345页。

大学的著名教授或高等院校的校长,此外还有诗人、作家、历史学家、教育学家,等等。

反观当时中国人的整体文化水平,却不能这样乐观了。

新中国领导人经常爱说当时的中国"一穷二白","穷"比较好理解,主要指生产生活水平低;所谓"白",指的就是文化水平低,目不识丁的文盲多。在这里,我们不妨通过两组数据[1]稍微了解一下20世纪上半叶中国人的整体受教育状况。

一组数据是20世纪三四十年代云南、四川、江苏、山东、福建、浙江等省16个县的文盲率:

> **进士、举人、秀才**
>
> 在1905年以前,读书人参加地区一级的考试,通过的便是秀才;秀才参加各省考试,通过的便是举人;举人参加京城的考试,通过的便是进士。

县名	呈贡	昆阳	晋宁	彭县	双流	华阳	温江	郫县	新都	新繁	句容	邹平	长乐	崇宁	兰溪	雅安
文盲率(%)	91.4	90.3	88.6	75.1	65.2	73.4	72.8	66.4	73	70	88.6	84.1	81	70.8	81.5	78.4

另一组数据是1947—1948年四所著名城市的文盲率:

城市名	北平	南京	长沙	昆明
文盲率(%)	43.05	47.36	58	62

这种状况直到新中国成立并没有多少改善。据估计,1949年,全国不识字的文盲约有4.3亿人,文盲率高达80%。

---

[1] 邱树森、陈振江主编:《新编中国通史》第4册,福建人民出版社,1996年版,第569页。

20世纪中叶，香港九龙职业写手正在街头帮助一些文盲阅读和书写信件。

那么，新中国成立时，中国到底有多少知识分子呢？历史并没有留下精确的统计数字。官方估计："文教、科技和卫生方面的知识分子只有200万人左右，占全国人口总数的0.37%。"[1]

在这200万知识分子中，毛泽东曾估计高级知识分子只有10万人。这里的"高级知识分子"，一般是指大学毕业后有几年工作经验、能够独立工作的知识分子，比如工程师、医生、大学教授、科学家等。周恩来说得更明白："他们是专家，是教师，是教人的人。"在他看来，小学文化程度以上的人甚至都可以算作"一般知识分子"。[2]而在自然科学方面，科学技术人员不过5万人，能从事科学研究并有一定成就的自然科学家不到700人。上述任何一个数字相较于建国初期的五亿四千万全国人口而言，无疑是小之又小的。

正因为知识分子太少，格外难得，中国共产党从革命

---

[1] 当代中国研究所：《中华人民共和国史稿》第1卷，人民出版社、当代中国出版社，2012年版，第250页。
[2] 中共中央文献研究室、中央档案馆编：《建国以来周恩来文稿》第12册，中央文献出版社，2018年版，第450页。

战争年代开始，就形成重视知识分子、重视文化科学工作的传统。毛泽东认为，要战胜敌人，不仅要依靠手里拿枪的军队，还要依靠手里拿笔的"文化军队"。"枪杆子"和"笔杆子"结合，会形成最强大的力量。于是，在抗日战争时期，中国共产党在延安这个只有几万人口的小城，竟办起了20多所各式各样的学校，除了抗日军政大学和鲁迅艺术学院这样的名牌学校外，还有培养民族干部、妇女干部和青年干部的专门学校，甚至还有一所自然科学研究院。

共产党领导下的延安成为了许多知识分子心中的"圣地"和"灯塔"。无怪乎曾任国民党少将军官的徐复观，晚年曾反思说，知识分子与共产党的友谊，"远超过对国民党的友谊；并发展成为对国民党完全对立的形势"，"先有绝对多数知识分子的背弃，才有整个军事机能的瓦解"。[1]

徐复观的说法是客观的。1948年，南京国民政府中央研究院曾经评选出81位院士。这些自然科学和社会科学领域的顶级人物，当时面临着人生中的艰难选择。由于对旧政权极度失望，对新中国满怀期望，他们中有60位留了下来，没有随国民党政权迁往台湾。

新中国成立后，新政府还积极争取留居国外的知识分子回国服务。1949年12月6日，政务院文化教育委员会成立了办理留学生回国事务委员会，由当时担任教育部部长的党外人士马叙伦兼任主任委员。这个委员会向海外的中国知识分子宣传新政府的政策，统筹安排他们的回国事宜，给他们在国内推荐介绍工作，生活有困难的予以接济。包括钱学森、钱三强、李四光、邓稼先、华罗庚这些著名科学家在内，有2500多名旅居海外的专家、学者和留学人员

南京国民政府中央研究院81位院士

南京国民政府中央研究院81位院士中，实际上只有9人去往台湾，另外有12人去往国外。中央研究院共有500多人，除了总办事处、史语所和数学所三个单位共50余人以外，其余各所全都留在大陆。[2]

---

[1] 徐复观：《中国知识分子精神》，华东师范大学出版社，2004年版，第10、12页。
[2] 参见岱峻：《民国衣冠——风雨中研院》，北京联合出版公司，2012年版，第16页。

第七章　面对知识分子

1955年,"中国导弹之父"钱学森及其家人乘"克利夫兰总统号"轮船回国。

回到中国。

为争取知识分子回国,周恩来亲自做了很多努力。当他得知正在欧洲开展学术活动的地质学家李四光有意归国后,当即给新华社布拉格分社社长和中国驻苏联大使发电报,请他们设法保证李的安全,并提供入境便利。科学家钱学森,作家老舍、冰心,以及曾任国民政府行政院长的著名地质学家翁文灏等,也是在周恩来直接或间接帮助下,从海外回国的。

这种知识分子纷纷从西方发达国家赶回祖国的现象,和苏联十月革命后科学家纷纷逃往国外的情形形成鲜明对照。1922年,包括别尔嘉耶夫、弗兰克等人在内的当时俄国顶尖级的学者、教授和文化人约200人就曾主动或被动地离开了苏俄。在新中国，留下来或从海外回国的知识分子，无疑是新的时代科学文化建设起步时的中坚力量。

革命胜利了，建设开始了。如何带领这些从旧社会走过来的"老朋友"为新国家服务？一个崭新的课题摆在了新中国领导人的面前。

团结、教育、改造

研究新中国历史的学者们，常常会用六个字来概括毛泽东时代的知识分子政策，那就是：团结、教育、改造。

新中国对旧时代走过来的知识分子采取全部"包下来"的政策，帮助失业者就业，给他们安排适合的工作，在生活上为他们排忧解难。在政治上，则给知识分子的代表人物以应有的社会地位，通过他们联系和团结各行各业的知识分子，共同建设新国家。

大文豪郭沫若在谈论自己思想时曾打过一个有趣的比喻：一个长途辗转跋涉的旅行包，上面贴满了各个码头的标签。旧知识分子思想之驳杂，可见一斑。

一般说来，在旧时代成长起来的高级知识分子，思想上比较普遍地存在着西方情结。以西南联大教授这个特殊群体为例：5位院长，全是美国博士。26位系主任，除中国文学系及2位留欧陆、3位留英外，其他的都到美国留过学。在179位教授中，97位留美，38位留欧陆，18位留英，3位留日，没有出国留学的只有23位。[1]

显然，对高级知识分子来说，西方社会确实更亲近一

西南联合大学

1937年至1946年，北京大学、清华大学、南开大学三所学校因抗日战争内迁到中国西南地区，临时组成西南联合大学。尽管存在时间很短，但这所学校的教师和学生在中国具有重要的影响力，被学者们看作是"20世纪前半叶中国知识分子缩影"。

---

[1] 许纪霖编：《20世纪中国知识分子史论》，新星出版社，2005年版，第397页。

西南联大旧址

些。1942年,美国驻华外交官费正清在访问西南联大后,曾有一段精辟的评价:"这些曾在美国接受训练的中国知识分子,其思想、言行、讲学都采取与我们一致的方式和内容,他们构成了一项可触知的美国在华权益",应当把他们看作是"美国在华的一种投资和财富"。[1]

在整个社会全面转型时期,知识分子杂然纷呈的思想烙痕和亲近西方的价值观念,与中国共产党所倡导的马克思主义意识形态,自然存在不甚相谐的地方,要完全适应新中国的主流意识形态,显然需要一个过程。

为消弭知识分子与新的国家意识形态之间的隔膜,毛泽东明确提出:对知识分子不仅要团结,要使用,还要对他们进行教育和改造。在他看来,知识分子的思想改造属于"人民内部的自我教育工作",所应采用的方法是"批评和自我批评"[2]。

---

[1] [美]费正清:《费正清对华回忆录》,知识出版社·上海,1991年版,第223、225、226页。
[2] 毛泽东:《在全国政协一届二次会议上的讲话》(1950年6月14日、23日),《毛泽东文集》第6卷,人民出版社,1999年版,第81—82页。

怎样引导和促进知识分子转变思想？中国共产党想尽了办法，采取了三种方式。

第一种方式是组织他们学习了解党的理论和人民政府的各项方针政策，包括社会发展史、历史唯物主义和辩证唯物主义、新民主主义理论与政策等。为此，新中国创办了多所"人民革命大学"，吸收知识分子入学，进行短期培训和教育。在知识分子比较集中的科研院所、文教机构等则组织自学、讨论和讲座。例如，北京大学就曾邀请中共党史专家胡华介绍中国共产党的历史，邀请中共党内经济学家狄超白介绍东北工业建设情况，邀请人民艺术家赵树理介绍文艺问题等。中国共产党希望知识分子通过学习，逐渐树立起马克思主义的社会发展观、历史观和哲学观。于是，"猴子变人"，"劳动创造世界"，成为学习运动中使用非常频繁的通俗概念。

第二种方式是引导知识分子在自己的业务实践中提高认识。比如，教学方法的改革和苏联教材的采用，便促使许多原来不相信苏联和不相信马克思列宁主义的教师改变认识。

第三种方式是组织知识分子参加各种社会实践。通过亲身体验，逐步认同中国共产党给中国社会带来的变化，促进思想转变。一般来说，这种方式的教育作用最为直接。

思想改造需要接触实际。抗美援朝战争爆发后，很多知识分子积极投入到反对侵略、保家卫国、捐钱捐物的爱国主义热潮。以北京大学为例：376名教授、讲师、助教签名上书毛泽东，抗议美帝侵略，表示愿意并且决心献出最大力量，为保卫祖国而奋斗；961位教职员联合发起了拒绝收听"美国之音"的广播公约运动；87位教授、174位讲师助教与数千名学生一起深入郊区农村、铁路、工厂、市区和街道，用漫画、标语、幻灯、活报剧、歌咏、秧歌、展览会、口头讲解等多种生动方式进行爱国主义宣传。为支援前线，马寅初校长带头捐出300万元的积蓄，许宝騄教授甚至把自己珍藏的一对结婚纪念戒指捐献出来。

新政府专门安排知识分子和文化人到农村去参加土地改革的实践，以便在现实感受的基础上增强对社会变迁的认识，实现立场和态度的转变。从留下来的一些知识分子写的参观记当中，可以看到热情好客、朴实敦厚的农民；谦虚

马寅初校长捐 300 万元积蓄

这里为人民币旧币，折合 1955 年 3 月 1 日发行的新版人民币 300 元。

谨慎、训练有素的共产党干部；地主对农民的剥削压迫；贫苦农民觉醒后渴望翻身的诉求……这些活生生的社会实际强烈震撼着他们。

哲学家冯友兰参加土改一个最直接的体会，就是"了解了剥削的真实意义，也了解了农村划分阶级的标准"[1]，从而认同了土地改革的合理性。就连当年在延安的窑洞里就中国社会的改造道路问题与毛泽东争论不休的梁漱溟，也在参观完四川土改后改变了看法。他说，"我亲眼看到贫苦农民对土地的渴望和要求，土地改革是深得民心之举，很必要，也很及时"，自己从前的观点是"错误的，太肤浅了"。[2]

此时的知识分子，尽管心态依旧复杂，或对共产党怀有钦佩与希望，或对未来产生迷茫和担忧，或对"旧我"感到自卑和愧疚，或恪守着游离于意识形态之外、专心学问的超然与戒备……但新旧社会的巨大变化，以不争的事实揭破了过去有关"共产党犹如洪水猛兽"的政治谎言。善于思考的知识分子，终究愿意主动了解和亲近新的理论和新的政策，愿意反思自己的经历，以放下思想包袱，尽快适应新社会。

1951 年 9 月 7 日，北京大学校长马寅初与副校长汤用彤等 12 位教授致信周恩来，表示响应政府改造思想的号召，在北大教员中发起政治学习运动，并敦请毛泽东、刘少奇、周恩来等 10 位党的领导人担任该校政治学习的教师。毛泽东等人觉得这种学习运动很好，决定将其推广至北京、天津的 20 所大专院校，涵盖 3800 多名教授、讲师、助教。

---

[1] 冯友兰：《三松堂自序》，人民出版社，1998 年版，第 129 页。冯友兰曾在 1950 年春跟随清华大学师生走北京郊区参加土地改革，在乡下生活了一个半月。
[2] 梁漱溟：《两年来我有哪些变化》，《光明日报》，1951 年 10 月 5 日。梁漱溟曾于 1951 年 6 月至 8 月在四川合川县云门乡参加土地改革。

1951年9月29日下午，周恩来在怀仁堂给知识分子们作了长达5个小时的《关于知识分子的改造问题》的报告。他以自己的亲身经历诚恳阐述了知识分子转变思想的必要性。北京师范大学物理系教授雷瀚听了报告后，说他的感受就像是听着自己的母亲苦口婆心地、无微不至地在教导自己，由此更加体会到共产党的伟大和可爱。[1]语言学家罗常培则说："我觉得像我这样的知识分子已经不是革命对象，而可以算革命动力了。从此我就对于中国共产党起了信仰，愿意跟随着他走。"[2]

思想改造运动很快在教育界铺开，接着推广到文艺、科技、工商、新闻出版、宗教各界，形成了一个全国规模的知识分子思想改造运动。知识分子把这场运动形象地叫作"洗澡"，意在洗去先前不对的思想观念。"洗过两次澡"的季羡林晚年回忆思想改造运动时曾说："真像洗过澡以后，觉得身体非常的干净，精神非常愉快。"[3]

20世纪50年代前半期，新中国还通过几次思想文化批判运动来促进知识分子转变思想。每个时代、每个民族、每个国家，都有自己的思想标准和诠释社会现象的价值体系。当一个新的国家建立起来，执政党对知识界和思想文化上的许多问题展开清理和讨论，总是难免的。但是在以政治宣判为重要特征的文化批判运动中，对马克思主义的阐述和应用存在着简单化倾向。当时，对被视为传播封建主义思想的电影《武训传》，对资产阶级思想代表人物胡适、小资产阶级文艺思想代表人物胡风进行的批判，有其历史必然性，但方式上欠妥，诸如对学术文化成果的评判很难做到客观和全面。对胡风等人还当作敌我矛盾来处理，留下不小教训，在知识分子中造成了一种普遍的紧张气氛。这些，使新中国的文化建设失去了一些本应汲取的文化资源。

中国共产党意识到了这一点，在充分调研的基础上，总结出党与知识分子关系存在着"估计不足、信任不够、安排不妥、使用不当、待遇不公、帮助不够"6方面的问题。1956年1月14日，中共中央专门召开了知识分子问题的会议。这在党的

---

[1] 谢莹：《建国初期知识分子思想改造学习运动始末》，《党的文献》，1997年第5期。
[2] 夏杏珍：《建国初期对知识分子思想改造的历史必然性》，《红旗文稿》，2014年第21期。
[3] 中共中央文献研究室、中央电视台编著：《周恩来》，陕西人民出版社、珠海出版社，1998年版，第107页。

第七章 面对知识分子　163

历史上是绝无仅有的。周恩来代表中央作的《关于知识分子问题的报告》，确认知识分子的"绝大部分已经成为国家工作人员，已经为社会主义服务，已经是工人阶级的一部分"。

中央召开知识分子问题会议后，一系列改善知识分子境况、提高知识分子待遇的通知、报告和意见紧锣密鼓地出台，涉及工资、工作条件、入党、回国、社会活动和兼职等方方面面。很多高校调整教师参加社会活动时间，精简不必要的会议。一些大学和科研院所增设教学科研辅助人员，减轻专家教授的工作压力。购买实验仪器、图书资料等费用也大幅度提高。高校教师在就医、就餐、起居、出行，甚至理发等方面享有便利条件，并以制度的形式固定下来。清华大学甚至给教授发放"优待通用证"，享受条件之优待曾经让很多教授都觉得不好意思。

可以以1956年的一组数据来了解毛泽东时代知识分子的经济收入情况：根据北京大学、清华大学等6所院校的统计，这年教授、副教授的月平均工资为228.79元，比10级干部（一般担任正厅局级、正地市级领导）的工资217元还要高11.79元。当时的10级干部基本上在1937年抗日战争以前就参加党领导的革命工作了，多属于老红军。大学讲师月平均工资为116.26元，比16级干部（一般担任正团级、副团级、副处级、副县级领导）的工资113元还要高3.26元。此外，无论是科学研究，还是文艺创作，知识分子发表各式作品还有不菲的稿酬。数学家华罗庚就留下了"写一个字可以买一个馒头"的佳话。值得一提的是，1956年，中国农民月平均消费水平是6.5元，城镇居民月平均消费水平是16.4元。[1]

---

[1] 参见北京市高校党委办公室：《北京市高等学校调整工资工作的情况报告》，1956年8月23日。李小军编：《数读中国60年》，社会科学文献出版社，2009年版，第245页。

除了较高的经济地位之外，知识分子也获得了更多的入党机会。1956年，仅北京市市属单位，就发展389名高级知识分子入党。[1]根据这年6月底中国共产党组织部门的统计数字，在全国1073万多党员中，知识分子党员有125.5万多，占党员总数的11.7%，仅比工人党员少了2.3个百分点。[2]

但是，到底是把知识分子划归为工人阶级还是划归为资产阶级，后来陷入了困扰。1956年，党的知识分子问题会议明确讲知识分子已经成为工人阶级的一部分；1957年反右派运动后，觉得他们当中的多数在思想上仍属于资产阶级范畴；1962年，周恩来、陈毅公开表示要为知识分子脱资产阶级之"帽"，加无产阶级之"冕"，不料引起党内不同意见。

这些不同的判断，在相当程度上反映了党在知识分子政策上的纠结，由此使知识分子总是处于被团结、教育和改造的被动位置上。特别是在"文化大革命"中，知识分子最早受到冲击。一批有名望、有建树的知识分子被扣上"资产阶级反动学术权威"的帽子。知识分子群体的政治地位被矮化，一度排在地主、富农、反革命等阶级敌人行列中的第九位，被人们戏称为"臭老九"，而受到歧视。尽管毛泽东说"老九不能走"，但是，这种情况一直到"文化大革命"结束才得以根本改变。

"老九不能走"

1975年5月3日，毛泽东召集在北京的中共中央政治局委员谈话时，借用京剧《智取威虎山》中的这句台词"老九不能走"，再次重申革命和建设事业是需要知识分子的。

---

[1] 中共北京市党史研究室编：《社会主义时期中共北京党史纪事》第2辑，人民出版社，1995年版，第214页。
[2] 中共中央组织部、中共中央党史研究室、中央档案馆编：《中国共产党组织史资料》第5卷，中共党史出版社，2000年版，第16页。

百花齐放、百家争鸣

1955年3月，一本叫作《植物分类学简编》的高等学校教科书问世。作者胡先骕在书中提到了苏联科学家李森科"关于生物学种的新见解"，认为这一学说"由于政治力量的支持"，才"一时颇为风行"。作者告诫中国的生物学研究者，必须要有深刻的认识才不至于被引入迷途。

今天看来，这只不过是稀松平常的学术观点上的异见，但在当时却引起了轩然大波。苏联专家向中国政府提出了严重抗议；北京农业大学的6位讲师和助教给出版社写来慷慨激昂的信，要求停止出版胡先骕的著作，收回已售出的书，并要求胡彻底检查，公开检讨；作为中国植物分类学的奠基人和中国近代生物学的开创者，胡先骕竟没有出现在1955年6月的中国科学院学部委员的名单上。

理解任何历史现象，应该尽可能地回到它所处的时代。当时的中国，除了经济建设思路，科学文化也学习苏联。新中国成立时，为团结文学艺术工作者，组建了全国文学艺术界联合会（简称文联），1953年准备召开第二次代表大会时，有人便主张取消文联，理由是苏联没有这样的机构。直到毛泽东发了脾气，说苏联没有的我们为什么不能有，全国文联才得以保留。在学术研究上，更是受到苏联那种粗暴作风和教条主义的影响，存在着推崇一种学派、压制另一种学派的现象，甚至出现在今天看来多少有些滑稽可笑的乱贴政治标签的现象。比如，中国传统的医学被称为"封建医"，西医被称为"资本主义医"，苏联巴甫洛夫的医学才是"社会主义医"。

发展科学文化事业，到底应该采用什么样的方针政策，新中国领导人有着长期的思考和自己的打算。

1951年，关于京剧艺术的发展问题出现了争论。有人主张完全按传统行规来搞，有的主张京剧各流派以及地方戏种均顺其自然发展，有的认为传统的东西已经不适应新社会的需要，应该进行大幅度改造，有的剧目由此还被禁止演出。4月3日，以京剧大师梅兰芳任院长的中国戏曲研究院在北京成立，毛泽东亲笔题词："百花齐放，推陈出新"，主张对待传统戏曲要去其糟粕，取其精华，各种风格流派都要发展繁荣。

1953年，两位重量级的历史学家——郭沫若和范文澜，在中国古代历史的分期问题上发生了争论。郭沫若认为中国的封建社会是从春秋战国开始的，而范文澜则认为应该开始于更早一点的西周时期。人们希望喜欢研究历史的毛泽东能对此作出评判。尽管他本人更倾向于郭沫若的观点，但却没有给出谁对谁错的判断，而是对中国历史学研究给出了4个字的建议："百家争鸣"。1955年，毛泽东又把这4个字送给了研究中共党史的学者们。

1951年，毛泽东为中国戏曲研究院成立题词。

把"百花齐放"和"百家争鸣"这8个字连起来，作为党的方针，则是在1956年4月28日的中央政治局扩大会议上。毛泽东在这次会上一锤定音："艺术问题上的百花齐放，学术问题上的百家争鸣，我看应该成为我们的方针。"对于"百花齐放"，毛泽东解释说，"现在春天来了嘛，一百种花都让它开放，不要只让几种花开放，还有几种花不让它开放"。对于"百家争鸣"，毛泽东解释说，"讲学术，这种学术也可以讲，那种学术也可以讲，不要拿一种学术压倒一切"，"在中华人民共和国宪法范围之内，各种学术思想，正确的，错误的，让他们去说，不去干涉他们"。[1]

这就意味着，中国共产党对自己领导科学文化事业的方式提出了新的要求，即从"依靠行政命令来实现自己的领导"，转向"提倡自由讨论和自由竞赛来推动科学和艺术的发展"。从此，中国人习惯把"百花齐放，百家争鸣"称作"双百方针"。而在西方，人们更愿意称之为"百花运动"。

"双百"方针的提出，为中国的文学艺术和科学研究带

---

[1] 毛泽东：《在中共中央政治局扩大会议上的总结讲话》（1956年4月28日），《毛泽东文集》第7卷，中央文献出版社，1999年版，第54、55页。毛泽东：《关于"百花齐放、百家争鸣"方针的文献三篇》，《党的文献》，1990年第3期。

来了新的生机。用"兴奋"和"激动"这样的词汇来形容当时知识界的心情，应该是不过分的。

在戏曲界，一大批传统剧目被发掘、整理和上演，仅北京市就先后开放了京剧传统剧目20余出，同时收到著名老艺人献出和收集的京剧剧目1000多个本子，1060余出戏。在文学创作上，题材和主题范围扩大了，体裁和风格多样了，涌现出刘宾雁的《在桥梁工地上》、王蒙的《组织部新来的青年人》、陆文夫的《小巷深处》等一批优秀作品。

在学术界，独立思考、自由讨论的气氛日益浓厚，在遗传学、经济学、社会学、史学、哲学、美学等方面都展开争鸣。毛泽东喜欢研究逻辑问题，当他发现关于形式逻辑的争论出现一边倒的情况后，三次邀请一些著名哲学家到中南海，听取他们发表学术观点。在大学，一些以往被认为是"唯心主义"的课程——比如罗素哲学、黑格尔哲学、凯恩斯经济学等得以重开。

有的老先生很难改变自己的思想，政府也不勉强他们。北京大学教授、著名哲学家熊十力申明，他拥护中国共产党，爱新中国，一辈子学的都是唯心论，无法改变自己的主张。国家并没有因此对他另眼相待，他继续担任全国政协委员，写的论著也由国家出钱，出版了七八种，公开发行。类似情况还有中山大学教授、著名历史学家陈寅恪，中央调他到北京担任中国科学院中古史研究所所长，因他提出"不宗奉马列主义""不学习政治"而作罢。陈先生双目失明，在光亮处才能辨影，中山大学在他住宅楼前修了一条"白色水泥路"，以方便他散步。即便是在国家经济最困难的时期，陈先生也能享受到特殊照顾。[1]

据初步统计，1956年举行的比较重要的全国性学术会议，有50多次，提供科学论文和报告2000篇以上。1956年出版的学术著作比从1950年到1955年6年内出版的数量总和还要多。1957年前后，涌现了一大批人文社会科学期刊，如《中国电影》《诗刊》《学术月刊》《法学》《音乐创作》等。

对于"双百"方针，以及由此带来的繁荣景象，苏联则不以为然，表示怀

---

[1] 参见陆键东：《陈寅恪的最后20年》，生活·读书·新知三联书店，2013年版，第96、160、326页。

疑。苏共中央总书记赫鲁晓夫就曾直截了当地对毛泽东说:"毛泽东同志,我们简直弄不清楚你们提的这个口号是什么意思。花有各种各样——美丽的花,讨厌的花,甚至有毒的花。"[1]在坚持马克思主义指导地位,由共产党执政的国家,是否允许不同的学派、流派、观点同时并存,是一道历史难题。提出"双百"方针,是对这道难题符合科学文化发展规律的创造性回答。新中国做了当时世界上其他社会主义国家都不敢做的事情,显示出在文化科学建设上的自信、开放和包容。

然而,让毛泽东深感意外的是,中共党内也有不少人不赞同"双百"方针。在毛泽东1957年2月阐述正确处理人民内部矛盾的问题后,此前本来为繁荣发展科学文化的"双百"方针,便被看成正确看待和处理人民内部矛盾的一种政治方法。1957年4月,中国共产党开展党内整风运动,并号召党外人士给党提意见,"双百"方针进而又成为开展整风运动的一种政治手段。知识分子对时局变化最为敏感,他们思想活跃,在文化、教育、科学等问题上发表不同意见,对党和政府工作中的缺点错误以及干部作风上的问题提出公开批评,由此出现言辞过激之论。这样一来,不少党内干部的反弹,便把账算到了"双百"方针身上。有人说,"双百"一出,"批评共产党的人多了","人民内部闹事也发生不少","都是百花齐放、百家争鸣这两条闹出来的"。

面对党内对"双百"方针的误解和疑惑,毛泽东感慨地说:"地委书记、地区专员以上的干部约一万多人,其中是否有一千人是赞成百花齐放、百家争鸣的都很难说,其余十分之九还是不赞成,这些都是高级干部呢!"[2]

为此,毛泽东在1957年春天几乎逢会就讲"双百"方针,下的决心是很大的。仅以《毛泽东文集》收录的文章为例,从1月27日到3月19日,涉及"双百"方针的讲话就有6篇之多。在其他场合的有关讲话和对这个问题的批示就更多了。3月中旬,他南下天津、济南、南京、上海,三天做了4场讲话,都重点谈到"双百"方针。3月19日起草的准备在南京、上海党员干部会议上讲

---

[1] [苏联]赫鲁晓夫:《赫鲁晓夫回忆录》,东方出版社,1988年版,第666页。
[2] 毛泽东:《同文艺界代表的谈话》(1957年3月8日),《毛泽东文集》第7卷,人民出版社,1999年版,第257页。

第七章 面对知识分子

话的提纲中,他提出:"中国应当是辩证法发展的国家。采取现在的方针,文学艺术、科学技术会繁荣发达,党会经常保持活力,人民事业会欣欣向荣,中国会变成一个大强国而又使人可亲。"[1]

64岁的毛泽东把自己比作是"游说先生",苦口婆心地希望说服党内的同志明白:解决中国当时面临的各种社会问题,解决人们思想上长期存在的各种问题,必须继续"放"而不是"收"。

历史的发展常常出乎人们的意料。1957年夏天的反右派运动严重扩大化,给许多知识分子和他们的家庭带来了很难愈合的伤痛。

中共中央此后并没有宣布取消"双百"方针,但贯彻落实的力度一段时期内不如从前了。即使在这样的情况下,新中国在文化建设上还是取得了不小的成绩。

一批优秀作品相继涌现。今天人们记忆深刻的便有柳青的《创业史》,杨沫的《青春之歌》,梁斌的《红旗谱》,罗广斌、杨益言的《红岩》,曲波的《林海雪原》这类长篇小说。1962年,中国开始设立自己的电影大奖,取名"百花奖",用以表彰最受观众喜欢的优秀电影作品,获得该奖的22位电影明星长时期成为观众的心中偶像。1964年,由周恩来总理重点抓的大型音乐舞蹈史诗《东方红》,将弘扬革命精神与追求艺术表现形式完美结合,有着很强的艺术感染力,被认为是难以复制的经典。

1965年,全国图书总印数为21.7亿册,刊物总印数为4.4亿册,报纸总印数为47.4亿份,分别比1956年增长21.9%、25.7%和81.6%。1966年,全国拥有78座电台、13座电视台,全国96%的县通了有线广播。[2]这一时期,大量的文化馆、博物馆、公共图书馆得以创建和扩建。运用歌唱、舞蹈、演剧等多种艺术形式,在群众中开展宣传活动的文艺团体,活跃在中国的大江南北。甚至在遥远的内蒙古草原上,也有一支文化轻骑队,被牧民们亲切地称为"乌兰牧骑"。

---

[1] 毛泽东:《在南京、上海党员干部会议上讲话的提纲》(1957年3月19日),《毛泽东文集》第7卷,人民出版社,1999年版,第291页。
[2] 中共中央党史研究室:《中国共产党的九十年》(社会主义革命和建设时期),中共党史出版社、党建读物出版社,2016年版,第549页。

演员在表演群舞《东方红》

无论从哪个角度讲,毛泽东提出的"百花齐放,百家争鸣"方针,都有着特殊的意义,它为繁荣科学文化设计了一个最大可能的发展空间。直到今天,"百花齐放,百家争鸣",仍然是写进 2017 年 10 月召开的中国共产党第十九次全国代表大会报告的基本政策。

打好科学技术这一仗

新千年以来,科学家们一直在思考为地球设立一个新的地质年代。这件事在 2016 年有了突破,他们宣布人类如今正生活在"人类世"纪元,并将开始的时间确定为 1950 年[1]。因为这是核时代的开始,也是人类对地球产生巨大影

---

[1]《科学家宣布地质纪元进入"人类世"》,《中国日报》,2016 年 9 月 14 日。

1946年2月14日，世界第一台电子计算机"埃尼阿克"问世。

响的时代的开始。

促使人类文明深刻改变并影响地球的，正是20世纪50年代前后全球范围内兴起的科技浪潮。1945年7月16日，第一颗实验性原子弹爆炸成功，原子能技术展现出前所未有的巨大前景；1946年，第一台计算机问世，1947年，第一支晶体管制成，人类进入了在机器上延伸大脑功能的时代；1953年2月28日，第一个DNA双螺旋结构的分子模型诞生，生命之谜从此被打开，一个新的分子生物学时代开启了；1957年10月4日，第一颗人造地球卫星发射成功，迈出了人类向空间进军的脚步，还登上了月球。

新中国领导人焦虑地观察着这一切。面对科学技术大幅度落后于发达国家的现实，周恩来在1956年1月的知识分子会议上大声疾呼，"现代科学技术正在一日千里地突飞猛进"，"世界科学在最近二三十年中，有了特别巨大和迅速的进步，这些进步把我们抛在科学发展的后面很远"。[1]在同一个会议上，毛泽东则直截了当下了决心："要搞科学，

---

［1］ 周恩来：《关于知识分子问题的报告》(1956年1月14日)，《周恩来选集》(下卷)，人民出版社，1984年版，第181页。

要革愚蠢同无知的命。"[1] 后来他又说："科学技术这一仗，一定要打，而且必须打好。"[2]

新中国成立伊始，中央政府便正式组建了国家最高科学机构——中国科学院，集中了包括自然科学和社会科学在内的一批卓有成就的科学家。1955年，中国科学院成立了4个学部，即物理学数学化学部、生物学地质学部、技术科学部和哲学社会科学部。首批评选的233名学部委员，标志着中国最优秀的科学家进入了学术领导行列。与此同时，高等院校、产业部门、地方政府也都相继组建了各种专业性的研究机构。中国的科学技术事业，从此有领导、有计划地开展起来。

在全国范围内吹响"向现代科学进军"的号角是在1956年。中央政府当时的考虑是，要在12年之内使中国落后的科学技术接近世界先进水平。这年12月，787名科学家经过半年多的努力，编制出了《1956—1967年科学技术发展远景规划纲要（修正草案）》。《规划》共确定57项国家重要科学技术任务和616个中心问题。在此基础上，又挑选出有战略意义的12个重点，在人力、物力上优先予以保证。

在科学家们看来，有了科学规划，就有了奋斗目标。这个规划的主要任务于1962年提前完成，奠定了中国的原子能、电子学、半导体、自动化、计算机技术、航空和火箭技术等新兴科学技术基础，并促进了一系列新兴工业部门的诞生和发展。

在《规划》列出的12个重点中，原子能的和平利用排在了第一位。事实上，中央领导人对原子能的关注，开始得更早一些。1955年1月15日下午，毛泽东、刘少奇、周恩来等人在中南海颐年堂围坐一堂，仔细聆听地质学家李四光和核物理学家钱三强介绍与原子能科学发展相关的情况。盖革计数器在测量从广西采来的铀矿石标本时，其放射性不断发出"嘎嘎"声响，逗得在场各位领导人哈哈大笑。中国要研制核武器的战略决策，就是在这个决策者们第一次

---

[1] 中共中央文献研究室编：《毛泽东年谱（1949—1976）》第2卷，中央文献出版社，2013年版，第515页。
[2] 毛泽东：《不搞科学技术，生产力无法提高》（1963年12月16日），《毛泽东文集》第8卷，人民出版社，1999年版，第351页。

看到铀矿石放射的场景中确定下来的。毛泽东说:"这件事总是要抓的。现在到时候了,该抓了。"他还以诗人的豪情说道:"我们只要有人,又有资源,什么奇迹都可以创造出来。"[1]

对新中国领导人来说,原子武器并不是一个陌生的概念。美国曾在日本广岛和长崎扔下两颗原子弹,刚刚结束不久的抗美援朝战争,美国又数度用原子弹威胁中国。"二战"后的世界时刻面临着使用核武器的恐慌。打开核能潘多拉盒子的爱因斯坦晚年无比担忧,他说,"我们把核武器交到英国人和美国人手里","但是目前来看,我们没有看见任何和平的保障"[2]。法国科学家约里奥·居里曾善意地告诫中国:"你们要反对原子弹,你们必须要有原子弹。"[3]

导弹的研制工作,也是在1956年提上日程的。1958年,毛泽东又提出"我们也要搞一点卫星"[4]。由此,原子弹、导弹和人造地球卫星,共同构成了人们常说的"两弹一星",成为毛泽东时代发展尖端科学技术的重要代表。

1959年,中苏关系恶化,苏联政府停止对中国原子能研究提供援助,同时,中国经济进入严重困难时期。国际舆论界由此认为,中国"20年也搞不出原子弹来"。尽管面临着常人难以想象的困难,但新中国领导人知道:只要手里没有原子弹,国家的安全就没有可靠的保障,中国的国际地位就难以提高,就会在国际战略上处处受制于人。为此,外交部部长陈毅元帅说了一句很有气概的话:"即使当了裤子,也要把原子弹搞出来。"

正是靠着这样的决心,几代新中国的科研工作者们,在十分艰苦的条件下,克服困难,顽强拼搏,创造了常人难以想象的奇迹。后来,人们用了24个汉字来称赞他们干事业的精神,那就是:热爱祖国,无私奉献,自力更生,艰苦奋斗,大力协同,勇于登攀。

在这群人中,我们不得不提到一对师兄弟——中国导弹之父钱学森和他的师弟郭永怀,后来人们用一种娱乐明星一样的组合称呼这对科学男神为"冯卡

---

[1] 中共中央文献研究室编:《毛泽东年谱(1949—1976)》第2卷,中央文献出版社,2013年版,第338页。
[2] [英]安妮·鲁尼:《爱因斯坦自述》,黑龙江教育出版社,2016年版,第122页。
[3] 核工业神剑文学艺术学会编:《核科学家的足迹》,原子能出版社,1989年版,第70页。
[4] 中共中央文献研究室编:《毛泽东传(1949—1976)》(上),中央文献出版社,2003年版,第288页。

1956年，郭永怀给清华大学研究生上辅导课。

门兄弟"。他们在20世纪40年代相识于美国加州理工学院，师从"航空之父"流体力学大师冯·卡门。那个时候，活泼的师兄钱学森最喜欢的就是开车带着略显害羞的师弟郭永怀在美东地区兜风。1955年10月，钱学森怀着"要用学到的知识帮助中国进入世界强国"的抱负，冲破千难万险回到祖国。几个月后，他向尚在美国的师弟发出了热情的邀请："快来！快来！""这里才是真正科学工作者的乐园！"[1] 1956年秋天，郭永怀回到祖国，和师兄钱学森成为了搭档。他们作为中国科学院力学研究所的正副所长，投入"两弹一星"的研制工作。

1968年12月5日清晨，一架小型飞机在即将着陆时突然失事，一头扎在了首都机场附近的玉米地里。人们在现

---

[1] 张现民主编：《钱学森年谱》(上)，中央文献出版社，2015年版，第133页。

场发现，有两具烧焦的遗体紧紧地抱在一起，夹在他们中间的是一个皮质的公文包，放在里面的一份热核导弹试验数据文件完好无损。工作人员通过后脑勺残存的一点花白头发辨认出其中的一位是郭永怀，而另一位是他的警卫员牟方东。两人显然是在飞机坠地的一刹那，为保护这份数据材料而抱在了一起。得知噩耗的钱学森号啕大哭，心痛不已，以至于很多年后都不能释怀："就那么十秒钟吧，一个有生命、有智慧的人，一位全世界知名的优秀应用力学

1964年，中国第一颗原子弹爆炸成功。

1970年，我国自行设计、制造的第一颗人造地球卫星"东方红一号"发射成功。图为解放军某部通讯兵战士通过电话向边防哨所传达喜讯。

家就离开了人世。"郭永怀牺牲后的第22天，中国第一颗热核导弹试验获得成功。

1964年10月16日，中国自行研制的第一颗原子弹爆炸成功。1966年10月27日，中国首次进行导弹核武器实验成功。1967年6月17日，第一颗氢弹的空中爆炸实验成功。1970年4月24日，中国第一颗人造地球卫星在酒泉卫星发射中心顺利升空，浩瀚的宇宙唱响了"东方红"的乐曲，中国从此进入航天时代。

2015年，诺贝尔奖得主屠呦呦领奖。

各行各业的科学工作者们在那个艰苦的时代里，以科学的态度和拼搏精神，取得了一个又一个成就。1965年9月17日，中国科学家在世界上首次实现用人工方法合成蛋白质牛胰岛素。瑞典皇家科学家诺贝尔奖委员会化学组主席对此给予很高评价，并希望中国推荐领衔这一研究的科学家角逐诺贝尔奖。这项工作当时是由中国科学院生物化学研究所、北京大学化学系和中国科学院有机化学研究所三个单位的科学家共同完成的。中国方面希望以集体作为诺奖的候选人，但是这不符合诺奖的评选规定。在复杂的国际背景下，这项科技成就虽然与诺贝尔奖失之交臂，却也表明毛泽东时代的生物化学、实验有机化学及其交叉学科曾达到国际先进水平。

也是在这一时期，疟原虫在全世界范围内对奎宁类药物产生了抗药性，中国政府着手组织防治疟疾的专项研究。1972年，抗疟有效单体被中国科学家从中药青蒿中分离得到，定名为青蒿素。这项"缓解数亿人疼痛和压力，并挽救上百个国家数百万人生命"的科学成就，被国际同行们誉为"20世纪下半叶最伟大的医学创举"[1]。40多年后的2015年，屠呦呦这位女科学家，因创制新型抗疟药——青蒿素和双氢青蒿素的贡献，获得诺贝尔医学奖。

还有，体弱多病的青年数学家陈景润，在一间只有6平方米的小房间里，用了18年时间，演算了数麻袋的草稿，终于在1973年完成了"哥德巴赫猜想"中"1+2"的证明，使同时期拥有大型计算机的国外数学家感到惊讶。

朴实敦厚的农校技术员袁隆平，1973年培育成功"三系法"籼型杂交水稻，使水稻单产在矮秆良种的基础上提高20%左右。1990年，杂交水稻作为中国的第一项农业技术转让给美国，试种结果，比美国的优良品种增产38%。杂交水稻为解决世界人口的粮食问题发挥了重大作用，袁隆平被誉为"世界杂交水稻之父"。2017年10月，袁隆平团队选育的超级杂交水稻品种"湘两优900（超优千号）"实现平均亩产1149.02公斤，每公顷17.2吨，创造了世界水稻单产最高纪录。

1976年是毛泽东生命的最后一年。他让人找来刚刚翻译成中文的《中国科学技术史》，研阅起来。在科学这个问题上，毛泽东始终认为：自然界的发展永无止境，人类总是需要不断地总结经验，有所发现，有所发明，有所创造，有所前进。也是在这一年，《中国科学技术史》的作者，一生致力于中国科技史研究的英国学者李约瑟，在地球的另一端用称赞的语气说道："毛泽东缔造的新中国在东方燃起了另一支火炬，树立了不但可以为人民、并且可以由人民促进科学的榜样。"[2]

为提高社会生产力，尽量满足人民的物质文化需求，新中国领导人倾注精力推动科学文化的发展。毛泽东甚至把发展科学和文化上升为国家的战略目标，很认真地提出了"科学文化现代化"的概念。

---

[1] 柏木钉：《屠呦呦获奖引发的思考之二》，《人民日报》，2011年10月17日。屠呦呦曾于2011年9月获得拉斯克临床医学奖，该奖被看作是诺贝尔奖风向标。
[2] 王国忠：《李约瑟与中国》，上海科学普及出版社，1992年版，第389页。

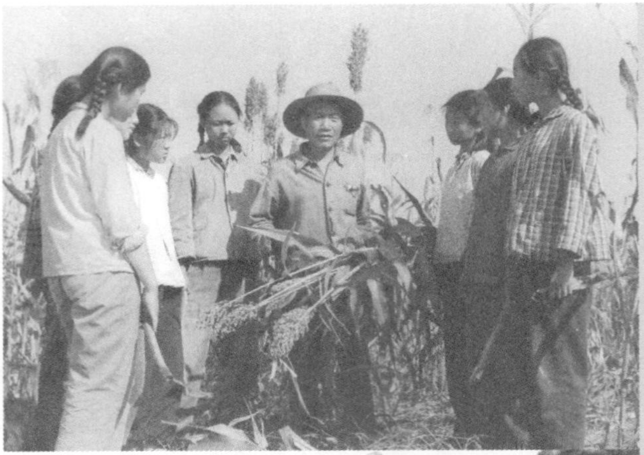
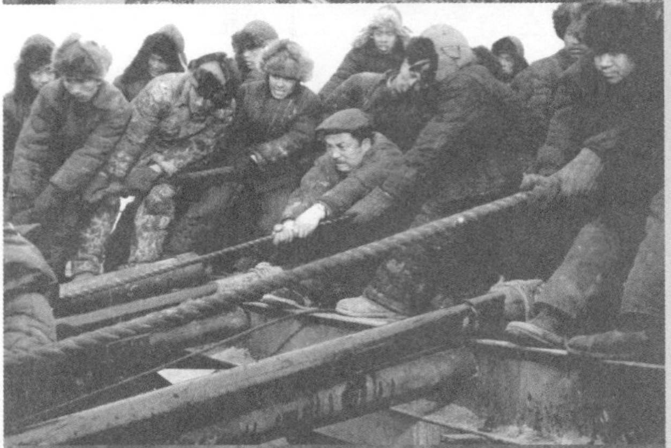
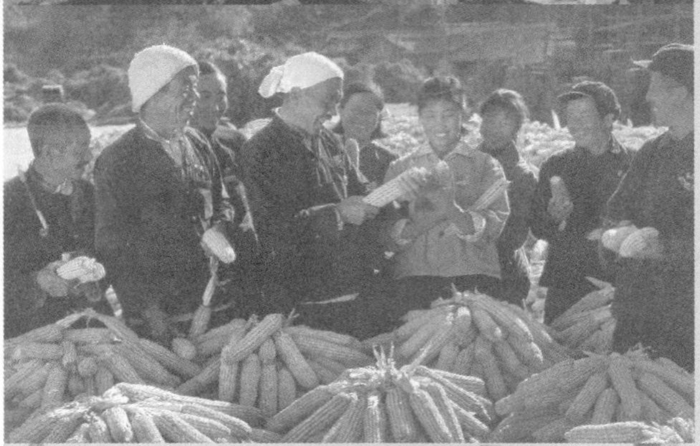
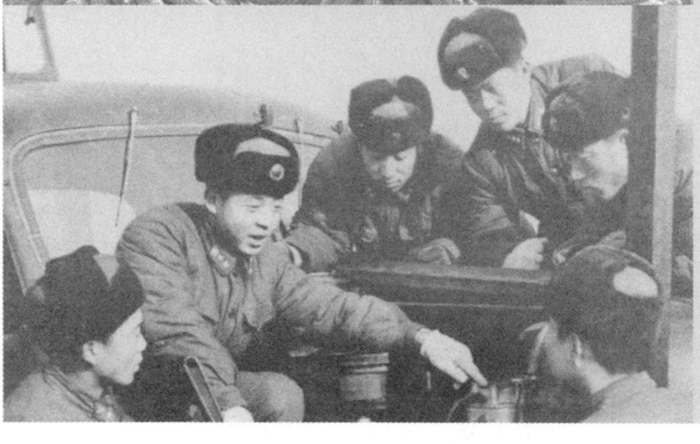

第八章

移风易俗，改造社会

除"毒瘤"，破旧俗
新的社会风尚出现了
一边是乡村，一边是城市
那个年代的"精气神"

1949年10月，新中国开国大典后没几天，毛泽东收到一封来自湖南的信，写信人是他已为革命牺牲多年的妻子杨开慧的表哥向三立，信中要求毛泽东为杨开慧的亲哥哥杨开智在湖南省城长沙"谋一个厅长方面的位置"。杨开智的女儿杨展，也是位烈士，早在抗日战争中就已牺牲。但毛泽东没有答应这个要求，让他的儿子毛岸英给向三立回了一封长信，信中恳切地说：现在是"新的时代"了。"新中国之所以不同于旧中国"，有一个原因就在于"皇亲贵戚仗势发财，少数人统治多数的时代已经一去不复返了。靠自己的劳动和才能吃饭的时代已经来临了"[1]。

在新旧时代更替的时候，新中国领导人便立意要用一种新的价值观来塑造社会风俗，通过人们精神风尚的变化，真正地改造国家。为此，毛泽东提出要"移风易俗，改造国家"[2]，甚至是"移风易俗，改造世界"[3]。

除"毒瘤"，破旧俗

1949年8月初，为了以整洁的形象迎接10月1日的开国大典，决定对天安门进行整修。此时的天安门，一片破败。城楼前的金水河河道淤塞，污垢腐臭。天安门前垃圾成山，光是从城楼上扫出的野鸽子粪，就装了几大卡车。经过整修，20来天后，天安门城楼以焕然一新的形象，留存在开国大典影像中，并从此成为新中国的地标性象征。

整治脏臭破败的旧环境，不仅限于天安门。新中国成立伊始，就开展了广泛的群众性卫生运动。如北京城内一个叫龙须沟的臭水沟，沟边聚居着大量穷人和逃难流民，成日里生活在垃圾成堆、污水横溢、蚊蝇密布的环境之中。经过整治，龙须沟变成一条清水河，周围环境变得清洁优美，周边住户过上了

---

[1] 毛新宇：《我的伯父毛岸英》，长城出版社，2000年版，第376—377页。
[2] 毛泽东：《对全国农业发展纲要草案修改稿的批语和修改》（1957年10月12日），《建国以来毛泽东文稿》第6册，中央文献出版社，1992年版，第606页。
[3] 毛泽东：《把爱国卫生运动重新发动起来》（1960年3月18日），《毛泽东文集》第8卷，人民出版社，1999年版，第150页。

1910—1911 年，东北鼠疫流行，黑龙江哈尔滨急救队人员搬运病床。

整洁健康的新生活。著名作家老舍把这个故事写成了话剧《龙须沟》，在舞台上长演不衰。

新中国大规模整治环境卫生，一个重要原因是为了扑灭和控制流行病的暴发。长期以来，在中国大地上肆虐的各种恶疾传染病，如天花、鼠疫、霍乱、伤寒、疟疾、麻风等，以及血吸虫病这样的寄生虫病、地方病，给人民带来了深重灾难。

自1952年起，以危害人民健康最大的20种传染病为目标，以天花、鼠疫、霍乱为重点防治对象，一场全民性的卫生运动开展起来。每个社区都建立了"爱国卫生委员会"。这个管卫生的"委员会"之所以冠以"爱国"的名字，是因为发动这场运动的一个直接原因，是抗美援朝战争爆发后，为了抵御美国对中国东北地区的细菌战威胁，阻断传染病的流行。"爱国卫生委员会"这个名称一直沿用至今。

美国发动细菌战

朝鲜战争中，自1952年1月28日起，美军利用制空权，出动军机，在北部朝鲜大规模投放带菌昆虫，发动细菌战。2月29日至3月5日，又以军机68批、448架次侵入中国东北领空，在抚顺、新民、安东、宽甸、临江等地散布大量传播细菌的昆虫。中国政府总理周恩来向国际社会发表声明，严重抗议美国政府用细菌战屠杀中国人民。

第八章 移风易俗，改造社会 183

毛泽东《送瘟神》

毛泽东的《送瘟神》二首，其一为："绿水青山枉自多，华佗无奈小虫何！千村薜荔人遗矢，万户萧疏鬼唱歌。坐地日行八万里，巡天遥看一千河。牛郎欲问瘟神事，一样悲欢逐逝波。"其二为："春风杨柳万千条，六亿神州尽舜尧。红雨随心翻作浪，青山着意化为桥。天连五岭银锄落，地动三河铁臂摇。借问瘟君欲何往，纸船明烛照天烧。"

四害

四害，即老鼠、麻雀、苍蝇、蚊子这四种有害于人类的虫畜。当时人们认为麻雀吃粮食，也将其列入。后来，在"四害"中以臭虫替代了麻雀。

1958年6月30日晚上，毛泽东读到了当日《人民日报》上一篇关于江西省余江县（血吸虫病重灾区）消灭了血吸虫病的新闻，不禁"浮想联翩，夜不能寐"。次日，他欣然命笔，挥笔写下两首题为"送瘟神"的诗，表达他的喜悦心情。

到1959年，以除四害、讲卫生、消灭主要疾病为中心的爱国卫生运动，使昔日肆虐的各种急慢性传染病，包括肆虐中国南方数省的大"瘟神"血吸虫病，很快得到了全面有效的控制。天花、鼠疫、霍乱等烈性传染病基本绝迹。

新的时代伊始，人们常爱说一句话："荡涤旧社会的污泥浊水。"这不仅意味着整治北京龙须沟那样的脏臭环境，还意味着需要铲除社会"毒瘤"。

鸦片之毒在中国已泛滥一个多世纪，为害深重。1949年前，中国的土地上种植罂粟曾达100多万公顷，制毒、贩毒等犯罪活动相当猖獗。吸毒的人数更为惊人，据粗略统计，全国约有2000万人。烟民们不事生产，终日吞云吐雾，往往为之倾家荡产，有的还沦为盗匪、娼妓，成为严重社会问题。

1950年2月24日，政务院发布了由周恩来总理签署的《关于严禁鸦片烟毒的通令》。随后全国开始强力行动，强制戒毒、铲除烟种、严惩制毒贩毒分子，成效迅速显现。鸦片产量长期居全国之首的西南数省，仅用一年时间就基本禁绝了鸦片种植。众多烟民经过持续三年的强制戒毒，彻底告别了毒品。政府还严厉打击制毒贩毒，将罪大恶极的毒枭绳之以法。仅1952年，在重点禁毒区域就逮捕毒犯8.2万多名，罪大恶极的毒犯880名被判处死刑。[1]到1952

---

[1] 参见罗瑞卿：《关于全国禁毒运动的总结报告》，《党的文献》，1996年第4期。

年底，大规模禁毒运动宣告结束，毒品从此在中国大陆几乎被斩草除根。

另一个社会毒瘤，是娼妓现象。旧时遍布的妓院，不仅是恶劣风俗的体现，也是社会上偷盗抢劫、吸毒贩毒、拐卖人口、敲诈勒索等犯罪活动猖獗之所。新中国在社会秩序基本安定后，即明令禁止娼妓制度。

北京率先行动，取缔娼妓制度，封闭妓院。1949年11月21日，北京市第二届各界人民代表会议审议通过了关于封闭妓院的决议。市长聂荣臻郑重宣布，立即执行这项决议。从当天下午5时半开始，到22日凌晨5时，一夜之间，将全市224家妓院全部封闭，对妓院老鸨、领家共400余人进行集中审查后处置。共收容妓女1286名，大多是18岁到25岁的年轻女子，年龄最小的13岁，最大的52岁。

随后，各大城市纷纷效仿。上海先后关闭妓院800多家，全国共查封妓院8400余所。被解救收容的妓女，纷纷进入"妇女生产教养院"这样的机构。教养院帮助饱受摧残的妓女们医治性病、学习文化，使她们中的绝大多数后

《工人日报》1950年2月25日刊登政务院发布的严禁鸦片烟毒通令

来成为自食其力的劳动妇女,并择偶成家,过上正常人的生活。

到 1953 年,娼妓制度在中国大陆已基本绝迹。对此天翻地覆的变化,当时有一首歌谣唱道:"千年的冰河开了冻,万年的枯树发了青。旧社会把人变成鬼,新社会把鬼变成了人。"

此外,赌博、匪患以及"一贯道"等会道门组织,也在新政府强有力的打击下,短短几年间在中国的土地上迅速消失。这些,确是当时的一个世界奇迹。

在变得干净的社会环境里,人们的身心健康得到极大改善。体育事业的发展就是一个鲜明的指标。

新中国领导人把"改善人民健康状况,增强人民体质"当作一项重要政治任务。中央政府特别选择了喜欢打篮球的新中国元帅贺龙,担任国家体育运动委员会(现国家体育总局前身)主任。中共中央批转的一次全国体育工作会议纪要强调:"群众体育运动是关系到六亿五千万人民健康的大事。"[1] 毛泽东题写的"发展体育运动,增强人民体质"这句口号,悬挂在许多体育运动场,逢有赛事,各个团队的运动员们都喊着这两句话整齐入场。

除了竞技体育外,全民健身运动也开展起来。毛泽东本人喜欢游泳,还提出了各种具体易行的群众健身方式:做体操,打球,跑步,爬山,游泳,打太极拳,等等。国家体育运动委员会主持行家们编创了多套广播体操、眼保健操等。清华大学校长蒋南翔提出的一个很鼓劲的口号在全国流传开来:"为祖国健康工作 50 年!"

在 1956 年的一次会议上,毛泽东感慨:

"一贯道"

"一贯道"是旧中国曾盛行的一个迷信帮会组织。抗日战争时期,为日本特务机关所利用。日本投降后,又被国民党控制,并改名为"中华道德慈善会"。新中国成立以后,该组织对新政府和人民进行各种破坏活动。1949 年起,各地人民政府先后明令加以取缔。

---

[1] 中央档案馆、中共中央文献研究室编:《中共中央文件选集(1949 年 10 月—1966 年 5 月)》第 48 册,人民出版社,2013 年版,第 283 页。

2020年5月11日，西藏自治区体育局、中国登山协会在位于西藏定日县的珠穆朗玛峰登山大本营举办系列活动，纪念中国人首次登顶珠峰60周年。图为从珠峰大本营远眺的珠穆朗玛峰。

过去说中国是"老大帝国"，"东亚病夫"，经济落后，文化也落后，又不讲卫生，打球也不行，游水也不行，女人是小脚，男人留辫子，还有太监，中国的月亮也不那么很好，外国的月亮总是比较清爽一点，总而言之，坏事不少。但是，经过这六年的改革，我们把中国的面貌改变了。[1]

"老大帝国""东亚病夫"
"老大帝国"和"东亚病夫"是旧时西方世界对中国落后面貌和中国人羸弱体质的蔑称。

的确，中国和中国人的面貌，从身体到精神都极大地改变了。1959年4月5日，在联邦德国多特蒙德举行的第25届世界乒乓球锦标赛上，21岁的中国队员容国团登上男子单打冠军领奖台。这是中国在国际体育赛事中拿到的第一个世界冠军。1960年5月24日，中国登山队员王富洲、刘连满、贡布，在世界上首次从北坡成功登顶地球最高点珠穆朗玛峰。这些，在旧中国都是完全不敢想象的事情。

20世纪60年代，毛泽东高兴地说过一句话："过去西方人加给我们的所谓东方病夫的称号，现在不是抛掉了吗？"[2]

据统计，中国人的人均预期寿命，1949年是41岁，

---

[1] 毛泽东：《增强党的团结，继承党的传统》(1956年8月30日)，《毛泽东文集》第8卷，人民出版社，1999年版，第87页。
[2] 毛泽东：《把我国建设成为社会主义的现代化强国》(1963年9月、1964年12月)，《毛泽东文集》第8卷，人民出版社，1999年版，第341页。

第八章　移风易俗，改造社会

1966 年是 59.42 岁，1976 年是 66.386 岁。

新的社会风尚出现了

在除"毒瘤"、破旧俗的过程中，新的社会风尚逐步树立起来了。

最早感受到新风尚的是妇女，一个突出标志是男女平等、婚姻自主。解放妇女，男女平权，是社会改造的一个重要内容。新中国颁布的第一部法律，就是《婚姻法》。

在中华民国政府颁布的法律中，曾涉及改变旧的婚姻陋习的问题，不过实际上成了一纸空文。例如，1931 年《中华民国民法》"亲属编"规定：婚约由男女当事人自己订定，有配偶者不得重婚。但是，司法院在司法解释中又称娶妾并非婚姻，自无所谓重婚。这就导致有钱有势者纳妾，所谓"三妻四妾"者，大行其道。而大量实际存在的童养媳现象，在当时的法律中则根本看不见有任何说法。至于父母包办婚姻、女性遭受虐待欺凌等，更是普遍现象。

1950 年 5 月 1 日颁布的新《婚姻法》规定：废除包办婚姻、男尊女卑、漠视子女权益的封建主义婚姻制度。男女婚姻自由、一夫一妻、男女平等，并保护妇女和子女合法利益。结婚须男女双方本人完全自愿，不许任何一方对他方加以强迫或任何第三者加以干涉。还明确规定："禁止重婚、纳妾，禁止童养媳，禁止干涉寡妇婚姻自由，禁止任何人借婚姻关系索取财物。"

《婚姻法》公布后，对改造社会是否有实际成效，关键在于是否能真正推广施行下去。在政府主导下，运用各种动员方式，在全国城乡掀起了一场学习宣传贯彻新《婚姻

童养媳

童养媳是由婆家以少许钱财从贫寒人家购买的女童，养育成年后与其子结婚。大多地位卑贱，遭受虐待。

法》的群众运动。各地民政、法律机构也积极受理婚姻案件，为当事人主张权利。

《婚姻法》的颁布和施行，使旧的落后的婚姻制度从此崩溃，男尊女卑的传统意识也受到猛烈冲击，新的健康的婚俗逐渐养成。从前传统的由家长包办的婚姻逐渐减少，自主婚姻日趋增多。众多自由恋爱的青年男女，不顾家长的阻挠，结为恩爱夫妻。旧式家庭中处于受压迫地位的妇女，为改变不幸婚姻，可以堂堂正正地提出离婚。童养媳、租妻等落后婚俗，到20世纪50年代中期几乎绝迹。

20世纪50年代初，《婚姻法》的宣传活动如火如荼地在各地展开。

那时候，有两部几乎是家喻户晓的文艺作品，为传播婚姻自主、男女平等的新风气，起到了很好的作用。

一部是著名乡土作家赵树理的中篇小说《小二黑结婚》，写的是一对相爱的青年农民小二黑和秀芹，在政府的支持下，反抗干涉他们婚事的家长，最终幸福地走到一起。这部作品被改编为老百姓喜闻乐见的各种戏曲和电影，四处传播。

还有一部是评剧《刘巧儿》，讲述了农家少女刘巧儿参加村里的劳动模范表彰会时，爱上了受到嘉奖的勤劳憨厚的青年农民赵振华，遂自己做主与他定亲。但她的父亲因贪图财礼，逼迫她嫁给老财主王寿昌。刘巧儿坚决不从。刘父到县政府告状，地区马专员用群众断案的方式解决了这宗案件，让刘巧儿与赵振华幸福结合。

在该剧中，刘巧儿有一个著名的唱段是这样的：

从那天看见他我心里头放不下呀，
因此我偷偷地就爱上他呀。
但愿这个年轻的人哪他也把我爱呀。
过了门，他劳动，我生产，

第八章 移风易俗，改造社会

20世纪50年代，在《婚姻法》的鼓励下，广州纺织工厂一对工人举行新式婚礼。

又织布，纺棉花。

我们学文化，他帮助我，我帮助他，

做一对模范夫妻立业成家呀。

  这一真挚的抒情段落，传达出十分丰富的新社会风尚的元素。与男女平等、婚姻自主这个主旋律交织在一起的，还有对婚后"他劳动，我生产"、两人一起"学文化"的美好生活的憧憬。

  美好的生活最终要靠自己勤劳的双手来实现。在新中国，热爱劳动成为普遍崇尚的美德。"爱祖国，爱人民，爱劳动"作为新的社会价值观，得到大力倡导和普及。

  1960年，一个关于马兰花的神话舞台剧被拍成了同名电影，广为流传。它讲述主人公小兰和她的丈夫马郎，因为辛勤劳动而过着富足的生活；而她的双胞胎姐姐，好吃懒做的大兰，十分嫉妒她的幸福，以为她的财物是头上佩戴的马兰花带来的。邪恶的老黑猫怂恿大兰去抢夺马兰花，并将小兰推下悬崖，而由大兰去冒充她回到家。最后，故事以黑猫阴谋败露，在逃跑中摔下悬崖，而小兰在马兰花的护送下回到爱人身边结束。电影里有一支歌唱道：

马兰花，马兰花，
风吹雨打都不怕。
勤劳的人儿在说话，
请你马上就开花！

学文化，是与爱劳动紧密联系在一起的时尚追求。创造新的精神面貌，不可不重视文化教育的涵养作用。在跨进新中国门槛的时候，毛泽东憧憬着："中国人被人认为不文明的时代已经过去了，我们将以一个具有高度文化的民族出现于世界。"[1]但是，严峻的现实是，全国青壮年中有80%的人为文盲或半文盲，农村文盲率则高达95%以上。因此，扫除成年文盲，提高识字率，使普通的劳动者能够学习农业和工业建设所需的劳动技能，成为国家教育工作面临的迫切问题。

1950年9月，第一次全国工农教育会议召开，决定开展识字教育。1951年10月，政务院制定的《关于改革学制的决定》规定，初等教育包括儿童的初等教育和青年、成人的初等教育。对自幼失学的青年和成人实施初等教育的

扫盲标准
扫盲的一般标准为：干部和工人，认识2000个常用字，能阅读通俗书报，能写200—300字的应用短文；农民，能认识1000字，大体上能阅读通俗书报，能写常用的便条、收据。

"速成识字法"
一种给汉字标注注音符号，帮助读出汉字读音的识字法。

---

[1] 毛泽东：《中国人从此站立起来了》（1949年9月21日），《毛泽东文集》第5卷，人民出版社，1996年版，第345页。

学校为工农速成初等学校、业余初等学校和识字学校。对于已经在校读书的学生，新中国还实行过半工半读的制度，以使他们在学文化的同时，不离劳动本色，同时能将学习的知识迅速地运用到工作实践中去。

新中国开国元勋陈毅元帅说过一句话：扫盲是使六万万人民睁开眼睛的工作，非干好不可。农民们也逐渐认识到文化在生产和生活中的重要作用，他们说："社会主义是天堂，没有文化不能上。""工业化、农业化，没有文化不能化！"学习认字，学习劳动技能，由此成为社会的普遍自觉，各地和各行业都想出了不少好办法。比如，编写适合农民识字需要的"识字记工课本"，帮助农民从自己的姓名学起，然后学土地的名称，学各种农活、农具和牲畜的名称，学记账格式等。由于贴近农民的日常生活，仅用两三个月的业余时间，就可以使农民初步掌握记账、记工的本领。

解放军西南军区某部文化教员祁建华发明的"速成识字法"，在扫盲中发挥了不小的作用。据称，运用此法，15天可以使每人平均识字1500个以上。各地推行"速成识字法"，使参加扫盲识字学习的人数大量增加，1953年，参加学习的工农达2000万人，其中按"速成识字法"学习的就有700多万人。

从1955年冬季开始，一场前所未有的群众性识字运动在全国开展起来。当时曾有一首《夫妻识字》歌，传遍全国：

黑格隆冬天上，
出呀出星星。
黑板上写字，
放呀放光明。
什么字，放光明？
学习，学习二字我认得清。

千千万万个"刘巧儿"和她们的爱人一起学文化，感受着这"光明"。1964年全国开展第二次人口普查时，也对国民的文化素质进行了一次全面调查。结果显示，15岁以上人口的文盲率已由80%下降到52%，先后有1亿中国人"睁开眼睛",摘掉了文盲的帽子。

一边是乡村,一边是城市

如果说风尚是社会的表情,那么,一个社会的秩序结构及其运行方式,则犹如它的体貌。

新中国成立时拥有5.5亿人口,到毛泽东逝世的那一年增长到9.3亿,至今仍是世界上人口最多的国家。如何才能整合好如此巨量人口的社会,实现稳定运转和有序发展,无疑是一个艰难的挑战。

西方发达国家的工业化过程,通常有一个农业人口急速转化为城镇人口的阶段,最后形成一个庞大的市民社会。而新中国的工业化过程,却有明显的不同。

1958年以前,人口可以自由迁徙,农民可以因城镇招工或投亲靠友迁徙到城镇。1956年开始工业化建设高潮后,各企业单位从农民中大量招收职工,农民迅猛流向城镇,城镇人口急剧增加,对城市原本就不宽裕的生活用品特别是粮食供应造成巨大冲击,影响社会稳定。中央不得不出台政策予以解决。

1958年1月9日,全国人大常委会第91次会议正式通过《户口登记条例》,开始控制人口流动,实施户籍管理制度。在这种情况下,只有城里特定单位招收职工(随着城里自身劳动人口的增长,从农民中直接招收职工越来越少),或考取大学、中专的年轻人、部队营级以上军官在农村的家属,可以转为城镇户口,除此之外,农业户口转为城镇户口(又称非农业户口)非常困难。比如,丈夫是城镇户口,妻子是农村户口,那么妻子几乎是无法因婚姻关系转为城镇户口的,而子女户口按规定一律随母。

这样的户口制度,最终将几亿农民固定在土地上,逐渐形成中国社会的城乡二元格局,一边是农村,一边是城市。与户口管理制度相应的是一整套社会治理方式。

在广大农村，通过建立农业生产合作社的方式，一步步地将亿万农民组织起来，最后形成5万多个人民公社。人民公社既是经济组织，也是一级政权机构。下面划分为若干个生产大队，生产大队又划分为若干个生产队，实行三级管理。农民的正式身份叫公社社员。

农村土地属农民集体所有。劳动生产方式大体由生产队队长派活，社员们集体出工。每个社员，采用工分计算劳动量，俗称"挣工分"。工分的多少，按照劳动强度、出工时间和技能要求来计算。一般说来，如果青壮年每天挣10个工分的话，年龄大的或妇女每天大体挣8个工分。社员们生产出来的粮食，按国家规定的收购粮种、收购价格和计划收购的分配数量，卖给国家，俗称"交公粮"。国家收购之外的粮食，便根据每年参加劳动所挣得的工分多少，在社员中进行分配，"交公粮"换得的钱，也按农民所挣工分多少分配。一些特殊人群，如孤寡老人或孤儿，则由生产队负责生活供给。

此外，每家农户拥有不大的自留地，根据需要自行种植农作物，收获归己。有条件的生产大队和生产队办有农作物加工作坊这样一些小型企业，或集体种养一些农副产品，社员可从中分得一些钱物。一般家庭还自养一些生猪家禽，逢年过节或来了客人，可改善一下生活。养得多的或舍不得吃的，可以拿到每三天或五天一次的集市上去卖，再换回点自家需要的日用品，俗称"赶集"。总的来说，农民的日子过得还是紧巴巴的。

中国农村当时还面临一个很大的难题，就是农村社员的医疗保障问题。新中国成立初期，在缺医少药、政府卫生部门还不能向农村基层投放更多医药卫生力量的情况下，1955年，山西省高平县米山乡由农村社员、医务人员和农业生产合作社共同出资，建起了卫生保健站。这就开创了中国农村合作医疗制度的先河。随后，各地农村相继办起了类似性质的"合作医疗社""医疗卫生保健站"等。

1958年以后，在农村，人民公社开始建立由政府部门主管的公社卫生院，国家财政以经费补助的方式，支持公社卫生院管理合作医疗基金，为农民提供医疗服务。1965年起，随着毛泽东提出"要把医疗卫生工作的重点放到农村

去"[1]，国家的医疗资源开始向农村倾斜，农村合作医疗遂成为具有农民集体福利性质的普遍制度。据1977年底的数据，全国有85%的生产大队实行了合作医疗，人口覆盖85%以上，拥有卫生员、接生员390多万。[2]但是，农村医务人员还是紧缺。为了解决这个难题，国家建立了延续至

1961年春节前，广东台山县各人民公社给社员们发放工资。

---

[1] 毛泽东：《关于医疗卫生工作的重点问题》（1965年6月26日），《建国以来毛泽东文稿》第11册，中央文献出版社，1996年版，第387页。
[2] 参见卫生部基层卫生与妇幼保健司编：《农村卫生文件汇编（1951—2000）》，2001年12月，第419页。

第八章　移风易俗，改造社会　　195

今的巡回医疗制度，让城市里的医务工作者分批巡回下乡为农民看病，并帮助培训农村医务人员。

最有创意的是，在中国农村还出现了大批"赤脚医生"。这是在农村合作医疗推广中形成的一个农村卫生员群体。他们接受过短期医疗卫生培训，但无固定工资，也没有纳入国家正式医务工作者编制，实际上是半农半医，往往还要到田地里劳作，故被称为"赤脚医生"。据1977年底的统计数据，全国赤脚医生达150多万人。[1]

就这样，中国几亿农民以最低的成本获得了最基本的社会医疗保障。这一重大成就，曾被世界卫生组织称为发展中国家解决卫生经费的"范例"或"中国模式"。[2]

和农村相比，城市的社会治理方式则是另一番景象。

当时的城市，分为中央政府的直辖市（北京、天津、上海），各省（自治区）的省会城市，以及相当于地区级别的城市。拥有城市户口的人群主要居住在这些地方。县级政府所在的城关区，公社机构所在的集镇，也居住着拥有城市户口的人群。于是，城市户口有时也叫城镇户口。中国的城市化，今天也叫作城镇化。此外，在军队里，士兵拥有的户口叫军人户口，服役期满后，一般都复员回到原籍，来自农村的依然是农村户口，来自城镇的恢复城镇户口。军官及其家属，一般拥有城镇户口。

从就业情况看，拥有城市户口的人，主要是在党政机关，教育、科技、文化、卫生、体育等事业机构，工矿、商贸、交通等企业部门工作的职工及其家属。一个个党政机关、事业机构和企业部门，俗称单位。拥有城市户口的人，一般说来都由自己就业的单位来管理。一些没有就业或从事手工业的劳动者，则直接归街道办事处管理。在单位工作的人，相应地拥有干部、工人或知识分子等身份标识。

干部被划分为军队、文教、工业、财贸、政法等9类，按照自己的级别，在单位领取固定工资。有职称的知识分子（诸如教授、副教授，高级工程师、

---

[1] 参见卫生部基层卫生与妇幼保健司编：《农村卫生文件汇编（1951—2000）》，2001年12月，第419页。
[2] 参见李砚洪：《赤脚医生》，《北京日报》，2008年1月22日。

工程师，主任医师、副主任医师），则根据职称级别领取工资。工人根据工种、技术、强度等分成各类各级，从一级工到八级工，享受相应的工资和福利待遇。工人又分两种，一种是全民所有制企业工人，一种是集体所有制企业工人。后一种企业的待遇要差一些。

在整个国家物质匮乏的条件下，有城市户口的人，其生活必需品大都凭定额票证购买，诸如粮票、布票、油票。如果拥有一份正式工作，一般还能享有公费医疗、退休保障等权利。政府向城市职工提供的是一种建立在单位体制上的低工资、宽覆盖、低标准的基本福利保障。这些基本保障，可以说是"生老病死"无所不包。级别高、规模大的单位还向职工提供简单的住房，有职工子弟幼儿园、小学甚至中学，还有职工食堂、医院等服务设施。

单位通过包揽职工的一切，自然承接了社会管理的职能。每个单位就像一个小社会，又像一个大家庭，职工对自己的单位拥有较深的依托感。"有困难找单位"，是那个时期中国城里人很自然的观念。

20世纪50年代至70年代，西方发达国家工业化进程和经济增速普遍较快，处于大规模城市化过程中。中国那时的经济发展，也处于增长趋势，但由于严格的城乡分割，各行其制，相应减缓了城市化的步伐。

这或许是当时条件下不得已的选择。中国是个农业大国，又有着数量如此庞大的人口，生产力水平落后，农业生产为主的经济状态短期内无法改变。中国有句俗话："肚里有粮，心里不慌。"又说："无粮不稳"，"无粮则乱"。粮食安全，是中国社会的基本安全，生产更多的粮食，让人们吃饱饭，很长一段时间都是中国政府的一项基本任务。

更重要的是，中国的工业化进程，短时间内创造不出足够的就业岗位。从20世纪50年代中期起，城市中学毕业生就业难的问题逐渐显现出来。当时的《人民日报》曾刊文指出："就全国来说，最能够容纳人的地方是农村，容纳人最多的方面是农业。所以，从事农业是今后安排中学毕业生的主要方向，也是他们今后就业的主要途径。"[1]

---

[1]《关于中小学毕业生参加农业生产问题》，《人民日报》，1957年4月8日。

20世纪60、70年代，大批学生上山下乡。图为学生在学习农活。

在农业生产力比较低下的情况下，农村确实能够也不得不容纳更多的劳动力。结果是，进入20世纪60年代，中国出现了两次城镇人口向农村的逆向流动。

一次是在1962年。为了解决当时严重的经济困难，中央政府决定对国民经济进行调整，果断精减职工和减少城镇人口数量，让他们回乡参加农业劳动。这次精减，使城镇人口减少了2600万人，吃商品粮人数减少了2800万人。

一次是从20世纪60年代末持续到70年代末的城镇知识青年上山下乡运动。在"文化大革命"中，大面积的"停课闹革命"和大学停止招生，造成大量中学毕业生积压，1966、1967、1968三届初高中毕业生就有1100万人。城市无法容纳如此巨大的就业人口，上山下乡成为主要出路。据统计，从1967年到1979年，全国共有1467万名被称为知识青年的城镇初高中毕业生，到农村、到边远的国家农场落户劳动。知识青年上山下乡，跨越了城市和农村，也跨越了自己的青春年华。

总的看来，实行城乡二元结构的社会治理方式，属于在有限的财力物力条件下推进工业化进程不得已的选择。另一方面，却也维护了中国社会的基本稳定，避免了当年拉美国家或西亚一些石油输出国，在快速工业化和城市化过程中，在城市周边形成大量贫民窟的现象。这种现象，至今仍是一些国家难以治理的城市疮疤。

那个年代的"精气神"

今天的中国老百姓，在回忆毛泽东时代的社会生活时，比较普遍的印象是，物质匮乏，但精气神还可以。所谓精气神，主要指在当时社会主流价值观影响下形成的社会道德风尚。党的正式文件中的表述，叫作社会主义道德风尚。

对这种风尚，在许多人那里，最容易跳到脑子里的，是那些热火朝天、群情激昂的集体劳动场面。或者在生产队的麦地稻田里，或者在工厂的车间矿洞里，或者在修建水库水渠的大坝上，诗人们形容那是劳动人民在"战天斗地"。如果说那时的中国社会有一种"集体崇拜"，还有一种"劳动崇拜"，也不为过。

有人说，每个时代都有自己的"时代英雄"。毛泽东在一首有名的诗中写道："喜看稻菽千重浪，遍地英雄下夕烟。"这诗虽为领袖的感受，确也反映出那时的一些真实景象，即时代的英雄是劳动者。他们的精气神的核心内容，就是"自力更生，艰苦奋斗"。

1959年9月6日，中国东北松辽盆地发现了工业性油流，表明这里存在着油田。而在此之前，中国被外国地质学家们一致判定为"无油国"。时值10周年国庆，这块油田被人们高兴地命名为"大庆油田"。不久，就开始了"大庆石油会战"，即集中一切可以集中的力量，以最快的速度建成大庆油田。这真是一场"自力更生，艰苦奋斗"的"大会战"。当时正是国民经济严重困难时期，包括数千名工程技术人员在内的几万人，来到气候严寒、环境恶劣的茫茫大草原上，为了给自己的国家钻出宝贵的黑色黄金。

在"石油大会战"中，有一位特别吃苦耐劳的钻井工人王进喜。在一次打井发生井喷的危急时刻，他不顾腿伤，带头跳进泥浆池，用身体搅拌泥浆，最

大庆油田会战初期,被誉为"铁人"的石油工人王进喜(中)率领大家在十分艰苦的条件下,用人拉肩扛的办法,终于使钻机矗立在茫茫荒原。

终止住了井喷,被称为"铁人"。王进喜的这种精气神,也被人们称为"铁人精神"。这位笑容憨厚的工人发誓:"宁可少活二十年,拼命也要拿下大油田!"在千万个"铁人"的拼搏下,人们以惊人的速度和质量,建成了新中国第一个大油田。全国各行各业的人们都把这看成是国家和民族的骄傲,掀起了"工业学大庆"和学习"铁人精神"的活动。

为鼓励王进喜这样的劳动者,全国和各省市自治区还评选出许多劳动模范。被评为劳动模范的人,在平凡而艰苦的岗位上,创造了各式各样很有感召力的事迹,成为各行各业的代表人物和学习楷模。

有一位劳动模范叫时传祥,是北京走街串巷的淘粪工人。他拥有"一人脏换来万家净"的职业道德观,他把清理粪便、整修厕所当成十分光荣、很有尊严的事情来做,获得居民们的尊敬和称赞。

另一类劳动模范获得赞誉和表彰,则主要是因为他们勤于动脑,善于进行种种提高工作质量和效率的技术革新。如年轻的纺织女工郝建秀,摸索出能够大幅提高纺纱效率和质量的"郝建秀工作法",在全国推广后,整个纺织企业的产量大幅提高。鞍钢的青年技工王崇伦,大胆探索、反复试验,制造出一种"万能工具胎",使加工工具的效率比原来提高了6至7倍,他因此被誉为"走在时间前面的人"。

在广袤的农村,则普遍开展了"农业学大寨"的活动。位于中国北部太行山腹地的山西昔阳县大寨大队,原本是个贫穷的小山村,自然环境十分恶劣,粮食亩产量不到200斤。1953年,农业合作化后,社员们在贾进才、陈永贵、郭凤莲等农民党员带领下,开山凿坡,修造梯田,引水浇地,改变了靠天吃饭的状况,粮食产量大幅提升,社员生活明显改善。他们曾在寻找石材的过程中,10天内砸碎了两把大锤,3根一米多长的钢钎磨得只剩下一尺左右,10多个七八寸长的铁楔子被打得只剩三四寸。

在离大寨不远处的河南林县,创造了另一种奇迹。全县人民经历多年的苦斗,硬是在一座险峻的山上开凿出一条"人工天河"——红旗渠,彻底改变了当地农田缺水的困境。今天的红旗渠依然在发挥着它的灌溉功能,同时也

山西昔阳县大寨,丰收的喜悦。

成为一个"红色旅游"胜地。

新中国是在资本技术匮乏的条件下推进工业化进程的。解决资本技术匮乏只有两条路，要么大量依赖外援，要么发挥劳动力资源充裕这个优势，自力更生。在缺少开放环境的情况下，中国只能选择后者，就是依靠人民艰苦奋斗，将自己创造的价值大部分奉献给国家。据测算，那些年中，国家的积累率一直高于 20%。长期的高积累背后，是几亿人民"拧成一股绳"的奋斗和奉献，传达的是一种集体主义的道德风尚，当时叫"共产主义风格"。

有一个集中体现这种共产主义风格的人，叫雷锋。他是一位家喻户晓的时代偶像，至今还是全社会的道德楷模。他的座右铭是"为人民服务"和"做革命事业的一颗小小螺丝钉"。

雷锋是一位解放军战士，只活了 22 岁。在他短暂的一生中，并没有做出什么惊天动地的显赫功绩。他的很多感人事迹，都是在平凡的岗位上，或者在生活中做的一些不大起眼的小事。比如，他特别乐于帮助别人，在为群众、为集体服务中体验到精神的愉悦和升华。"学雷锋，做好事"，后来成为乐于助人、热心社会公益活动的代名词。作为所有中国人的"雷锋叔叔"，他那永远年轻的、带着灿烂笑容的照片，总令人们想起那个年代火热的青春激情。

的确，无论哪个年代，它的活力和精气神，常常体现在青年人身上。

1962 年，父母都是国家干部的北京市高中毕业生侯隽，放弃了珍贵的首都城市户口，响应"大办农业、大办粮食"的号召，来到河北省宝坻县，当了一名"新式农民"。第二年，一位来采访的作家听说这里有一位自愿来当农民的北京姑娘，惊讶不已，把她的故事写成了一篇文章《特别的姑娘》，发表在《人民日报》上。而早在 4 年前的 1958 年，18 岁的天津市初中毕业生邢燕子，就回到父母的农村老家宝坻大中庄乡司家庄村务农，发愤改变家乡面貌。她所在的"铁姑娘队"后来更名为"邢燕子突击队"。这两位城市青春女子，成为城里青年人的学习榜样。

1976 年 9 月 9 日，毛泽东逝世。不知是否巧合，该年 9 月出刊的《人民画报》，封面人物就是麦田里的侯隽和邢燕子。她们都一头短发，穿着朴素，其中一位还戴着眼镜。她们的照片上方印着 8 个字："广阔天地，一代新人"。

雷锋为战友讲解汽车构造和节油经验

正是年轻的"一代新人"们的青春和奉献，穿越整个毛泽东时代，支撑起国家的未来。

1969年1月，一名15岁的北京八一学校学生，和14位同学一起，来到黄土高原上的陕西省延川县文安驿公社梁家河大队插队落户。他住在爬满虱子的窑洞里，和老乡一起在地里劳动，收工回来后和同伴一起在油灯下读书。为改变当地面貌，还带领老乡们建起了沼气井，当上了大队党支部书记。在这里度过艰苦而充实的7年后，他被老乡们推荐为"工农兵学员"，到清华大学学习。

从下乡当知青算起，43年后，他成为了中国共产党和中华人民共和国的主要领导人。他的名字叫习近平。

工农兵大学生

1966年"文化大革命"运动开始后，取消了全国高考。1970年，高校重新开始招生，采取群众推荐的方式进行，要求从有实践经验的工人、农民、军人中推荐选拔学生。这种招生方式延续到1976年。以这样方式进入高校的学生，被称为"工农兵大学生"。

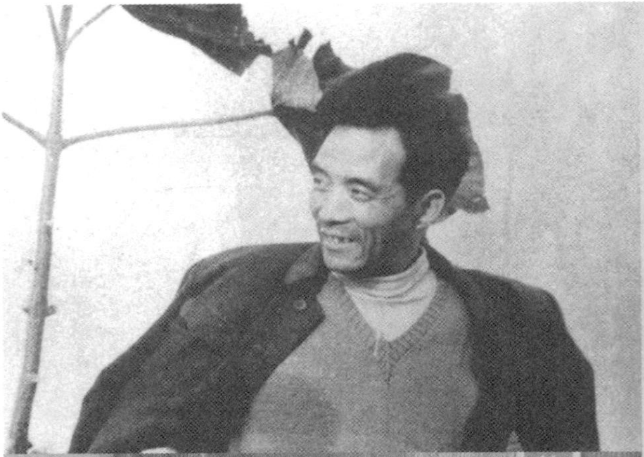
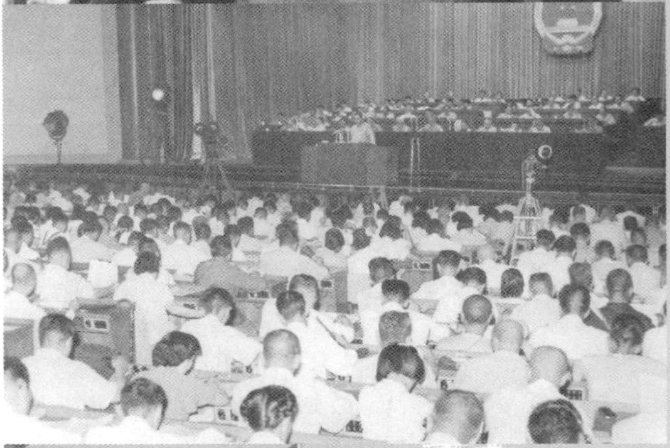
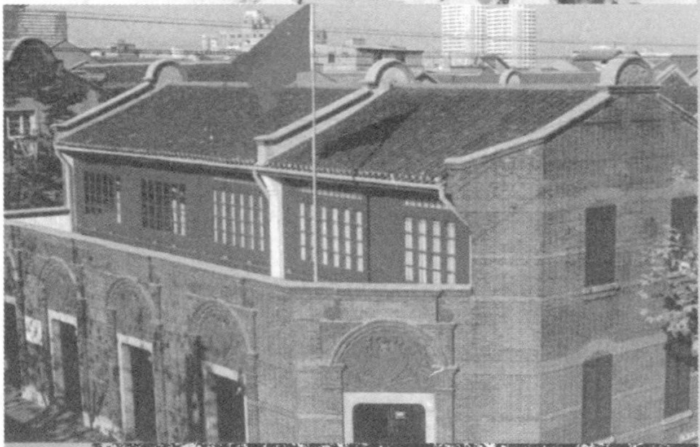
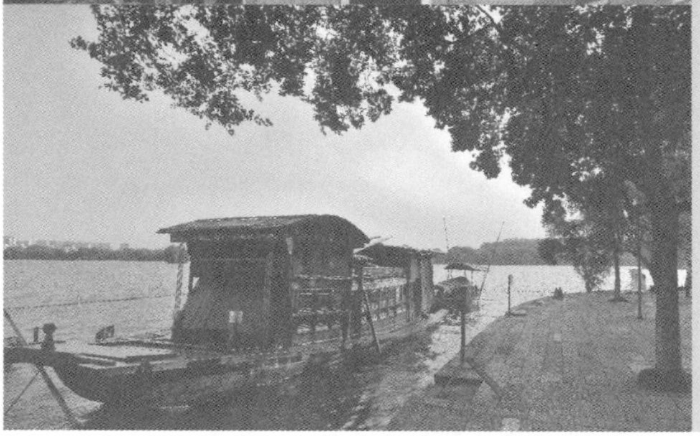

第九章

治国之道

为跳出"历史周期率"
"治国者"怎样炼成？
"一盘棋，一竿子"
关于"文化大革命"

1949年3月23日，毛泽东等带领中共中央机关，从中共革命时期的最后一个农村指挥所——河北平山西柏坡村出发，前往北京，筹建新中国。同行的人们都激动地谈论着对新中国的想象。毛泽东却想起了一个人——李自成。公元1644年3月19日，"闯王"李自成率领农民起义军攻进北京城，推翻明王朝，建立了大顺朝政权。然而仅仅40天后，由于大顺朝上下贪图享乐，不思进取，被起自东北的清军撵出北京，大顺的官兵很快四散而去，李自成这位"大顺朝皇帝"死于逃亡途中。

在料峭的春风里，毛泽东凝重地对人们说：这回是"进京赶考"，我们一定要考一个好成绩，不能当李自成，退回来就失败了。

河北平山县西柏坡景区

两天后，毛泽东一行抵达北京。中国共产党的治国之路，从此开始。

为跳出"历史周期率"

作为新中国的执政党，中国共产党及其领导人首先需要确定的是：执政的根基和宗旨是什么？对此，毛泽东是十分清醒和明确的，那就是：人民和民主。

早在 1945 年，在延安这个恰好是李自成当年揭竿而起的地方，毛泽东与一位名叫黄炎培的民主人士有过一次"窑洞对话"。黄炎培提出疑问：一部中国历史，没有能跳出一个所谓"其兴也浡焉""其亡也忽焉"的周期率。中国共产党能"找出一条新路"，跳出这个周期率的支配吗？毛泽东从容地回答：我们已经找到了新路，我们能跳出这周期率，只有让人民来监督政府，政府才不敢松懈；只有人人起来负责，才不会人亡政息。[1]

这个"周期率"，总结了中国两千年里改朝换代的历史逻辑，也就是唐太宗与其大臣魏征多次引证过的一句话："水能载舟，亦能覆舟。"换句话说就是：得民心者，得天下；失民心者，失天下。毛泽东认为，李自成等人夺得政权后，迅速腐化堕落，大失民心，因而最终惨败。比古代开明君主"舟水关系"的认知更深一步，中国共产党把自己与人民的关系，比作生命攸关的"鱼水关系"。在艰苦卓绝的战争年代，中国共产党和老百姓的关系确实如鱼水一般，但成为执政党后，"当官"了，手里有了权力，还能够像以前那样，与人民群众同甘共苦，保持清廉朴素、艰苦奋斗的作风吗？

毛泽东深知此事太重要了。前往北京前夕，他在摹画新中国未来的中共七届二中全会上，郑重地向全党提出："务必使同志们继续地保持谦虚、谨慎、不骄、不躁的作风，务必使同志们继续地保持艰苦奋斗的作风。"这"两个务必"，事实上成为中国共产党治国之道的关键词。

毛泽东的担心，不幸很快应验了。新中国才成立两年，就在北京旁边，党

---

[1] 参见黄炎培：《八十年来·延安归来》，文史资料出版社，1982 年版，第 148—149 页。

刘宗敏

刘宗敏是李自成的大将，官至权将军。进北京以后，到处搜刮钱财，贪图享乐，后为清军所杀。

中央眼皮子底下，发生了一件让他十分震怒的事情。

1951年底，全国开展勤俭建国、增产节约运动，继而又开展反贪污、反浪费和反官僚主义的"三反"运动，清查出一批大大小小的"老虎"（当时对贪污分子的称呼）。最大的"老虎"，就是天津地委书记兼专员张子善和前任地委书记刘青山。刘、张二人大量贪污机场建筑款、救灾粮、治河款，剥削克扣民工工资，骗取银行贷款，还勾结奸商，倒卖钢铁木材以牟取暴利，使国家蒙受巨大损失。贪污来的巨款，则供他们极尽享乐，生活十分奢靡，刘青山竟致吸毒成瘾。他还公然讲："老子们拼命打了天下，享受些又怎么样？"

对这样的蜕变，毛泽东此前也有所预料。他在中共七届二中全会说过，我们的党员没有被拿枪的敌人打倒，有可能在掌握政权后被贪污腐化这种"资产阶级糖衣炮弹"击中。他当时还严厉警告说：我是不学李自成的，我劝你们也不要学刘宗敏。被糖衣炮弹击中的刘青山、张子善，分别是1931年和1933年入党的老党员，经历过长期革命斗争，曾在敌人的监狱中，面对严刑逼供坚贞不屈，表现出共产党人的英雄气概。不成想，成为执政党干部后迅速腐化，成为人民的罪人"刘宗敏"。

毛泽东亲自过问此案，并批准了死刑判决。有人念刘、张二人过去的功劳来说情，毛泽东痛心地说："正因为他们两人的地位高，功劳大，影响大，所以才要下决心处决他们。只有处决他们，才可能挽救20个，200个，2000个，2万个犯有各种不同程度错误的干部。"[1]刘青山、张子善被判处死刑，在全党和全社会引起很大震动。

---

[1] 薄一波：《若干重大决策与事件的回顾》（修订本）上卷，人民出版社，1997年版，第153页。

中国共产党一心要建立的,是一支清廉的执政队伍。这支队伍的作风,应该与物质匮乏社会相映衬,拥有艰苦奋斗精神,靠勤俭来建国治国。不仅自己不能"当官做老爷",还要杜绝"一人得道,鸡犬升天"的旧社会习气。为此,新中国领导人带头示范。

毛泽东时常收到家乡亲友的来信来访,他往往从工资和稿费里支一些钱接济他们的生活,但对于安排工作、上学、当官这样一些要求,一概婉言回绝。韶山老家的近亲毛泽连要带母亲到北京来治病,毛泽东回信让他们就在湖南长沙治。他说:"现在人民政府决定精简节约,强调反对浪费,故不要来京,也不要在长沙住得太久。"[1]但随后寄去一些钱,资助毛泽连在长沙治病。而毛泽东自己,一件睡衣缝了72个补丁,依然使用。

周恩来给亲属们订下了"十条家规",其中一条是"在任何场合都不要说出与总理的关系"。为了防止他们借他之名为己谋利,连与他合影,都最多只允许照一张。

刘少奇不允许家里人用公家的车,特意找了辆三轮车送女儿上小学,大点儿就自己骑自行车。在学校填家庭情况表的时候,"父亲"栏填的是刘少奇用过的化名"刘卫黄"。

朱德的儿子朱琦,抗日战争初期便参加革命,在战争中负了伤。从部队转业后,按朱德的要求,到铁路机务段当了一名火车司机。

"衙斋卧听萧萧竹,疑是民间疾苦声。些小吾曹州县吏,一枝一叶总关情。"这是中国清朝当过县官的诗人郑燮写的一首诗。在新中国,许多领导干部都喜欢引用这首诗

周恩来"十条家规"

这十条家规是:晚辈不准丢下工作专程来看望他,只能出差顺路时看看;来者一律住国务院招待所;来者一律到食堂排队买饭菜,有工作的自己出钱,没有工作的由总理代付伙食费;看戏,以家属身份买票入场,不得用招待券;不许请客送礼;不许动用公家汽车;凡个人生活中能自己做的事,不要别人去办;生活要艰苦朴素;在任何场合都不要说出与总理的关系,不要炫耀自己;不谋私利,不搞特殊化。

---

[1] 中共中央文献研究室编:《毛泽东传》(1949—1976)(上),中央文献出版社,2003年版,第218页。

2013年,"纪念毛泽东诞辰120周年大型展览"在香港举行,首次展出毛泽东睡衣。

来表达关切群众冷暖的心志。

在革命战争年代,人民群众很喜欢向党的组织和领导干部反映"民间疾苦",或表达对党的某些工作的不满或建议。新中国成立后,这种情况越来越多。为此,1950年初确定了专门部门来处理人民来信,如中共中央办公厅秘书室负责处理群众写给毛泽东等中央领导人的信件;群众写给政府的信件,则由中央人民政府委员会办公厅、政务院秘书厅和总理办公室三个部门分别处理。1951年3月,政务院秘书厅还成立了"群众信件组",专门处理群众来信。后来还成立了直属国务院领导的工作部门信访局。毛泽东很关心此事,他说:"要给人民来信以恰当的处理,满足群众的正当要求,要把这件事情看成是共产党和人民政府加强和人民联系的一种方法。"[1]

信访制度是对纪律检查和监督机构职能的一种补充,人民来信使党和政府的各级机关置于人民监督的"汪洋大海"中。为了鼓励人民监督自己的政府和工作人员,当时还专门规定,县以上各级人民政府,都要指定专人负责处理人民群众来信,并公开设立问事处或接待室,以便接待人民群众来访。中共中央纪律检查委员会还想办法减少办信手续,甚至为来访者酌情解决路费,等等,以方便群众来信来访。

刘少奇曾经这样警告党内的同志:"假如我们脱离了母亲——群众,就会同安泰一样,随时可被人勒死。"[2]毛泽东也说过,他在中南海住久了,就觉得不舒服,离开北京到基层群众中去走一走,看一看,坐一坐,心里就踏实了。

机关干部到基层去实地走访群众,逐渐成为很常见的事情。他们或者是"送温暖",直接帮助群众解决生活困难;或者是"听民声",了解群众对政府工作的意见;或者是"问桑麻",调查研究基层在生产生活方面的事情。

干部到群众中直接参加劳动,也成为了一种惯例,后来发展为一种叫"三同"的制度,即党政干部定期轮流到基层,和群众"同吃同住同劳动"一段时间。在部队,则

安泰
　　安泰,希腊神话人物。他只要站在大地上,就能获得不竭的力量源泉;双脚一旦脱离大地,到了空中,就失去力量,被人扼死。

---
[1] 毛泽东:《必须重视人民群众来信》(1951年5月16日),《毛泽东文集》第6卷,人民出版社,1999年版,第164页。
[2] 中共中央文献研究室编:《刘少奇传》(上),中央文献出版社,1998年版,第421页。

是要求将军们下到连队里当一段时间的普通士兵。

中国共产党要求自己的干部必须懂得，政权来之不易，只能心底无私，为人民利益打拼，才能"坐稳江山"。那个年代的说法，叫作"永保红色江山不变色"。要做到这一点，就须防止领导干部成为"利益共同体"，而要求他们成为代表人民利益的"理想共同体"。

从1964年起，杨善洲在中国西南边陲的云南省保山地区，先后担任了20多年的县委书记和地委书记，管辖着一方不算小的土地和众多人口。在常人看来，他理应有不少机会为自己和家人谋一些方便和福利。然而他不仅忘我工作，而且把自己的收入都用于帮助有困难的群众，自己的妻子儿女却一直居住在农村的破房子里，日子过得很困难。有人问他妻子，老杨是当官的，为什么不能让家人过得好一点，他的妻子说，老杨当的是国家的官，不是自己家的官。

和杨善洲一起共事的一位干部，也是他长期的朋友，直至退休也未加入中国共产党。当记者惊讶地问他为什么时，他解释道：当一名共产党员，就要像杨书记这样无私奉献，"舍小家，顾大家"，但他认为自己无法做到这一条，所以不能申请入党。

共产党的干部经过"大浪淘沙"式的长期锤炼，在老百姓心目中形成了一种印象：只有表现好、能办事、品行高的人，才能入党当干部。

这，或许是跳出那个魔咒一般的"历史周期率"的一个关键。

"治国者"怎样炼成？

新中国成立之初，急需外交人才。然而，当时除兼任中国驻苏联大使的外交部副部长王稼祥已去莫斯科赴任以外，由于找不到合适的人，其余驻外大使还都空着。打了几十年仗的中国共产党，没有现成的"职业外交官"，只有一大批优秀的"职业革命者"。

当时，南方还处于激战之中。为组建外交部正四处寻找人才的周恩来，把目光投向了那些带兵打仗的将领身上,向各野战军发出了人员调动命令。接着,一批兵团级将领告别前线,来到了北京。

于是,新中国第一批派驻国外的15位大使中,有11位是领兵打仗的将军。他们大多没有穿过西装,不会吃西餐,也不懂外语,更说不上熟悉外交礼节了。于是,周恩来安排了几次现场观摩。当外国驻华大使向毛泽东主席递交国书时,这些将军们藏在接见大厅后面的小屋子里,用铅笔在窗户纸上捅了十几个小洞,从里往外偷偷观看。周恩来对他们说,这叫"窗下学礼"。一次,等外国大使走了,周恩来把这些将军们叫出来,介绍给毛泽东。毛泽东说:你们过去打仗,现在又办外交,这是时代的要求,你们是老同志,你们出去中央放心,靠得住。

后来,这11位将军大使中,有6位担任过外交部的副部长,成为著名的外交家。连外交部部长,后来也是由共和国元帅陈毅来担任的。

其实,全国上下、各行各业,新中国最初的那一批"治国者",基本上就是昨天的那些"革命者"。

早在黄炎培访问延安的时候,就深切感受到,他在延安所见的共产党对所辖陕甘宁边区的治理,"当然是距离我理想相当近的"。他总结说:"集中这一大群有才有能的文人武人,来整理这一片不小也不算大的地方,当然会有良好的贡献。我认为中共朋友最可宝贵的精神,倒是不断地要好,不断地求进步,这种精神充分发挥出来,前途希望是无限的。至于方针定后,他们执行切实有效,就为组织力强,人人受过训练的缘故。"[1]

黄炎培的观察是敏锐的。经由20多年艰苦战争,和一系列大大小小根据地建设的磨砺,中国共产党带出来的这支队伍,虽然在专业知识方面欠缺,但也确实拥有了从"革命者"转变为"治国者"的素质和才能。

于是,新中国成立初期,各大区中央局的党委书记,基本上由几大野战军的政委担任,大区的军政委员会主任或重要城市的市长,则多由几大野战军的司令员兼任,省委省政府的主要领导则多由兵团级或军级干部兼任,一些地区

---

[1] 黄炎培:《八十年来·延安归来》,文史资料出版社,1982年版,第149—150页。

曾任华北第二兵团副司令兼参谋长的耿飚被任命为新中国首位驻瑞典大使,和夫人赵兰香出席瑞典使馆外交活动。

或县级领导则由师团级干部去当。军队和地方,后来也就在无形中形成了一种职级参照,如"省军级","地师级","县团级",等等。

新中国的第一批党政官员,就是这样产生的。他们之所以有信心走上更宽广的舞台,成为"治国者",是因为他们忠诚,有担当,见事敏锐,组织能力和行动能力强,更重要的是他们善于学习和总结经验。

中国共产党培养领导干部,主要采用三种方式:向书本学习,向实践学习,向群众学习。

为此,从中共中央到县级党委,都办有党校。各级领导干部,每隔一段时间,都要进入党校学习理论,接受培训,以牢固理想信念,提升领导能力。此外,党员干部还必须加强日常读书学习。为了深刻反思和总结"大跃进"教训,探索社会主义建设规律,毛泽东就号召全党各级干部都要阅读苏联《政治经济学教科书》,他和周恩来、刘少奇等中央领导人都各自组织了专门的读书小组，由此在全党掀起一个学习政治经济学的热潮。

对提高治理能力而言，向实践学、向群众学更是常态。其中一个关键途径，就是调查研究。

搞调查研究，并不是说要设立什么部门专事去做，而是各领域、各部门的干部，包括中央领导，省委、省政府领导，乃至对基层原本比较熟悉的地县级和公社领导，都要去做。

先后担任中央纪律检查委员会书记、中共中央副主席、全国人大常委会委员长的朱德元帅，尽管高龄，却是新中国领导人中搞调查研究的模范。在1951—1966年长达15年的时间里，他到过全国多数省份，进行了100多次调研，向中央提交了108份调查研究报告。他所做的调查报告，内容实在而又精细。例如，1960年代初，针对人民缺肉吃，营养不足，而农民养猪又缺饲料的情况，他多次就农村养猪的问题向中央报告调研情况。他提的具体建议是：

全国各地区凡能产红苕（地瓜）地方，多栽红苕，产量较粮食多几十倍。红苕叶子供猪吃，藤子可供冬季猪的饲料，红苕细根可养肥猪，不用粮食作饲料，亦可能养出大批的肥猪。此种肥猪肉，特别细腻好吃。[1]

两千多年来，县一直是中国政权结构的基本单元，处于承上启下的关键环节。古人讲，"郡县治，天下安"。一个县就是一个完整的社会，治理起来很困难。明朝有名的清官海瑞，就说过"官之至难者，令也"这样的话，意思是县官最难做。在新中国，则出了一个做得很好的县官，他就是中共河南兰考县委书记焦裕禄。

1962年，长期在洛阳矿山机器厂工作的焦裕禄调来兰考当县委书记，迎面碰到的是导致全县人民陷入困境的"三害"，即遇水内涝、长年大风沙、普遍的盐碱地。为寻求"除三害"的办法，焦裕禄就从调查研究开始。在短短475

---

[1] 朱德：《关于发展养猪及解决猪饲料问题的信》（1954年3月4日），《朱德调查研究文集》，中央文献出版社，2016年版，第17页。

"蹲点"

"蹲点",指集中一段时间驻在基层单位,与群众交流和进行调查研究。

天里,他仅靠一辆自行车和一双"铁脚板"下乡,对全县149个生产队中120多个进行了走访和"蹲点",面对面向当地农民请教和商量解决办法,逐渐掌握了"三害"肆虐的规律,对症下药地研究解决办法,采取有效的"除三害"措施。他为了防风沙而亲手种下的泡桐树,被兰考人民称为"焦桐"。

调查研究出智慧,出能力,出成绩,出风格。焦裕禄因肝癌于1964年病逝后,1966年2月,《人民日报》发表长篇通讯《县委书记的好榜样——焦裕禄》,他的事迹从此广为流传,感动了许多人。

像焦裕禄这样,下基层实地调查研究,找群众商量,解决实际问题,在中国逐渐形成一个干部工作惯例,延续

焦裕禄,常年奔波在田间地头,被誉为"人民的好县委书记",去世时年仅42岁。

至今。习近平20世纪80年代初期担任中共河北省正定县委书记时,就曾像焦裕禄那样,经常骑自行车下乡调研。他担任中共中央总书记后,谈到怎样做焦裕禄式的县委书记,说了下面一段很实在的话,传达出调查研究和领导能力之间的内在关联:

> 要把调查研究作为基本功,深入基层、深入群众、深入实际,了解情况、问计于民。我说过,当县委书记一定要跑遍所有的村,当市委书记一定要跑遍所有的乡镇,当省委书记一定要跑遍所有的县市区……虽然辛苦一点,但确实摸清了情况,同基层干部和老百姓拉近了距离、增进了感情。
> 情况搞清楚了,就要坚持从实际出发谋划事业和工作,使想出来的点子、举措、方案符合实际情况,不好高骛远,不脱离实际。重要决策方案,特别是涉及群众切身利益的重要政策措施,要广泛听取群众意见,不能嫌麻烦、图省事。[1]

毛泽东时代下基层调研主要是靠两条腿或者自行车。于是,老百姓总结出一个"规律",凡是经常卷起裤腿、戴着草帽,往乡下跑,脸晒得很黑,和群众混得很熟的干部,一般都是干实事、能够解决问题的干部;反之,那些长期"窝"在办公室里不出门的干部,一般都只会夸夸其谈,缺少实际工作能力。

那个年代,有不少领导干部都是直接从基层干起,经过层层考验,才选拔起来的。他们中有的还曾是劳动模范,本身就当过工人或农民。例如,后来担任过中央领导人的李瑞环,在1951年17岁时到北京第三建筑公司工作,当了15年的木工。他率领"木工青年突击队",大胆创新,攻克技术难题,出色完成了急难重活,从而脱颖而出,走上领导岗位。

有着扎实基层工作历练的领导干部,更了解基层情况,多有解决复杂多样的基层治理问题的经验。从基层选拔干部和干部下基层锻炼,成为培养"治国者"的一项基本制度。这和西方国家靠选票推举领导人有很大不同。

---

[1] 习近平:《做焦裕禄式的县委书记》,中央文献出版社,2015年版,第7—8页。

1961年，周恩来来到河北邯郸就农村公共食堂、供给制、评工计分等问题进行调查。图为调查期间周恩来记在台历上的工作日程安排。

"一盘棋，一竿子"

无论什么样的国家，都需要建立一套治理体制和运行机制，这是治国理政的基本前提。

在新中国，实行的是党的一元化领导，国家治理体制运转如何，关键在中国共产党的组织运行体制。

党的最高领导机构为党的中央委员会，其常设机构为中央政治局。毛泽东一直担任中央委员会主席，1956年，刘少奇、周恩来、朱德、陈云任副主席（他们4位此前为中共中央书记处书记，相当于政治局常委，1958年，增补林彪为副主席），邓小平主持办事机构中央书记处工作，是中央委员会总书记。他们组成中共中央政治局常委会，还分别担任各国家机构的主要负责人。

在中央委员会之下，为党的各级委员会。在政府部门，则设有党组。关于各级党委党组的运行机制，毛泽东总结为这样4句话："大权独揽，小权分散。党委决定，各方去办。办也有决，不离原则。工作检查，党委有责。"[1]

执政党的重大决策，通过全国人民代表大会转化为国家意志。全国人民代表大会履行立法和监督职能。举凡法律和重大决定，以及国家经济与社会发展中长期计划等，由全国人民代表大会讨论通过后实行。地方各级人民代表大会则担负相应的职能。全国人民代表大会和地方各级人民代表大会代表，均由选举产生。

国家治理的执行机构，为国务院及其下属各部委，以及地方各级人民政府。对于人民代表大会制定或通过的法律、决议、计划等，国家的行政、司法、检察等机构，按其职责具体部署并组织实施。具体说来，政府部门的运行机制有"块块"和"条条"之称。所谓"块块"，指区域综合管理，全国是国务院，各地则是省（自治区、直辖市）、地（市）、县、公社几级政府。"条条"指领域管理，比如，国务院设有民政部，各省（自治区、直辖市）政府则设有民政厅，地市和县级政府则设有民政局，公社则有民政助理员。凡属社会救济等民政事务，从上到下形成一条线的治理系统。

此外，全国和地方（从省到县）还设有人民政治协商会议，是各党派团体、各族各界人士参政议政的机构。其主要职能是对大政方针、重要决策进行民主协商。

国家治理框架基本上搭起来了，主要就是中国共产党的各级委员会（简称"党委"）、各级人民代表大会（简称"人大"）、各级人民政府（简称"政府"）、各级人民政治协商会议（简称"政协"），人们习惯称之为"四套班子"格局。这个格局的运行机制是，制定和实施决策，在党的领导下，整体统筹、分工协作、组成合力、共同推进。

这样的治理机制，使毛泽东时代的中国在治国理政上形成一个突出的特点，就是中央领导层常常形容的"一盘棋，一竿子"。

---

[1] 毛泽东:《工作方法六十条（草案）》（1958年1月），《毛泽东文集》第7卷，人民出版社，1999年版，第355页。

1954 年 9 月，中华人民共和国第一届全国人民代表大会第一次会议在北京举行。

"一盘棋"，就是从横向来看，几套机构之间，既有互相约束的因素，但主要还是形成合力。就像下一盘棋，强调从全局着眼，对棋子进行排兵布阵。制定和实施重大决策，可以在全国范围内进行统一规划、调配，在共同的目标下互相配合，互相支持，统筹协调。

"一竿子"，就是从纵向来看，保证从中央到各级地方政令畅通。制定和实施重大决策，在上下沟通、组织动员和贯彻执行上，一竿子插到底。

很明显，"一盘棋，一竿子"容易形成"全国一盘棋，上下一本账"这样的局面。

这样的国家治理体制，与高度集中的计划经济体制相生相伴。当时人们感受到它的好处是：能够减少执政成本；有利于集中力量办大事，把有限的人力物力通过宏观调控，用到国家最急需的地方去，集中优势、重点突破；遏制脱离甚至违背国家政策的现象，保证国家政令的准确畅达和执行效率；便于从国家整体利益的高度，在全国范围内协调平衡。

新中国发展"两弹一星"工程的历程,就是一个范例。这项工程上马之初,由国防部国防科学技术委员、国家科学技术委员会、中国科学院三家为主联动负责,但由国防科学技术委员会主任聂荣臻元帅抓总牵头,直接对党中央、国务院和中央军委负责。1962年底,又成立了一个由中央政治局、国务院、中央军委若干领导人组成的"中央专门委员会",这个机构集指挥权、财政权、人事权于一体,国务院总理周恩来亲自担任主任,集中统一领导原子弹以及稍后的导弹和人造卫星研制工作。

在"中央专门委员会"领导下,"两弹一星"研制迅速形成"全国一盘棋"的局面,集中了29个部(院),900多家工厂、科研机构、高等院校,几十万科技、后勤、工程人员,协同工作,集中攻关。这也是当时条件下,中国能以超乎寻常的速度攻克"两弹一星"难关的一个重要原因。

"一盘棋,一竿子"的体制运行优势,在经济建设上的体现也有很多。比如,在水利建设方面,1950年,淮河大水,沿岸受灾惨重,有农民爬到树上躲洪水被蛇咬死。毛泽东闻之落泪,亲自批示把两个原准备投入抗美援朝战争的野战师集体转业,改编为两个"水利师",开上治淮工程第一线。与此同时,各级政府又发动淮河沿岸人民群众积极投入治淮工程。治淮第一年,就有220万农民加入治淮行列。经过8年奋战,淮河流域建成了大大小小的水库几百座,极大地提高了防洪泄洪能力。

新中国成立时,全国只有大中型水库23座,到1976年,全国建成大、中、小水库85000多座。中国今天的农田水利基础设施,大部分都是在这一时期建造完成的,依旧发挥着抗洪抗旱和农田灌溉作用。

发挥好"一盘棋,一竿子"的体制运行优势,对国家决策质量的要求相当高。怎样才能作好重大决策呢?新中国领导人有两个富有特色的共识:一是决策方法要体现"实事求是";二是决策机制要体现"民主集中"。

所谓实事求是,就是在决策过程中,最基本的、需要始终关注的,就是"实际"。必须采取务实的态度,观察和总结实际情况,据此拿出切实可行而且真正有效的决策;在决策实施过程中,还要根据实际情况的变化,及时改进和调整。

1958发生的"大跃进"运动，如果从决策方式上找其失误的原因，就是"情况不明决心大"。对此，毛泽东十分自责，曾痛心地总结说，过去这几年我们犯错误，付出很大代价，首先就是因为情况不明，结果只凭想象和估计办事，政策就不正确，方法也不对头。因此他下大决心，要在全国范围内"大兴调查研究之风"，把1961年搞成全党的"实事求是年"。

"实事求是"地调查研究只是第一步，以它为基础形成决策，还要经过一个"民主"和"集中"的过程。概略地讲，就是制定决策的过程，相关各方充分发表意见，研判分析，集体讨论，这就是民主；然后归总，达成多数一致、少数服从多数的意见或决策，这就是集中。

当然，这样的过程如果只做一次，也还不放心，还要再做多次。就像陈云说的那样，"不唯书、不唯上、只唯实，交换、比较、反复"。前三句讲提出办法要实事求是，后三句讲形成决策要民主集中。"交换"，就是交换正反各方面意见；"比较"，就是对比各种方案的利弊；"反复"，就是初步决定对策后，还要再找反对意见"攻一攻"，多推敲和考虑，使认识更正确、决策更完善。1953年，陈云为解决粮食紧缺问题，提出"统购统销"的建议，就是在"交换、比较、反复"了8种方案后，才下定决心，报中央讨论通过的。[1]

在实事求是和民主集中的基础上，新中国还摸索出一种边试验边改进的决策方式，叫作"试点"。所谓"试点"，就是由点到面，积累经验。具体做法是，有了一种决策方案后，先在小范围试验一下，看效果如何；或者是某个地方自己搞了什么创新的思路，先不忙制止，让他们大胆地试着干。搞"试点"的好处是，如果成功了，就总结经验，普遍推广；如果不成功，也不会造成大的影响，还有时间和机会进行纠正或调整。

---

[1] 参见本书第六章"老百姓的吃穿用"一节。

关于"文化大革命"

"一盘棋,一竿子"的体制运行,带来强大的社会组织动员能力,很方便通过群众运动的方法来实施决策。一般说来,如果决策方法能够体现"实事求是",决策机制贯彻了"民主集中",制定和实施正确决定,在全国大范围从上到下迅速铺开,其政治优势不言自明;反之,造成的损失和影响面也会比较大,甚至会陷入纠正起来很困难的局面。

1966年爆发的"文化大革命",便属于后者。

"文化大革命"这场运动,实际上是"给党、国家和各族人民带来严重灾难的内乱","使党、国家和人民遭到了建国以来最严重的挫折和损失"。[1]

毛泽东发动"文化大革命"那年73岁。他之所以作出这样大的错误决策,主要是认为党内出现了一个走资本主义道路的当权派,危及社会主义的前途,只有发动群众,才能把被走资本主义当权派在各个领域占有的权力重新夺回来。这个判断,并不符合党内实际,也不符合当时中国社会的实际。

毛泽东作这个决策,违背了他一贯倡导和运用的"实事求是"的思想方法。同时,在决策过程中也没有经过各个层面的充分酝酿讨论这一民主集中程序,几乎就是"一竿子通到底"。

这场"革命",当时被冠以"文化"之名,主要因为它是从思想文化领域的批判运动开始的。在当时新成立的"中央文化革命领导小组"(简称"中央文革小组")的煽

"文化大革命"发动原因

关于毛泽东发动"文化大革命"的原因,1981年6月,中共十一届六中全会通过的《关于建国以来党的若干历史问题的决议》正式表述为:"他(毛泽东)的主要论点是,一大批资产阶级的代表人物、反革命的修正主义分子已经混进党里、政府里、军队里和文化领域的各界里,相当大的一个多数的单位的领导权已经不在马克思主义者和人民群众手里。党内走资本主义道路的当权派在中央形成了一个资产阶级司令部,它有一条修正主义的政治路线和组织路线,在各省、市、自治区和中央各部门都有代理人。过去的各种斗争都不能解决问题,只有实行'文化大革命',公开地、全面地、自下而上地发动广大群众来揭发上述的黑暗面,才能把被走资派篡夺的权力重新夺回来。"

---

[1] 中共中央文献研究室编:《三中全会以来重要文献选编》(下),中央文献出版社,2011年版,第141、144页。

动下，以大中学生为主的红卫兵运动迅速蔓延全国，煽动"停课闹革命""破四旧""批斗封资修"，进而发展到抄家、打人、砸物。一些被视为"反动学术权威""走资本主义道路的当权派""反革命修正主义分子"的人，受到批斗和侮辱。

随后，各地出现大批造反派组织，掀起了夺取各级党政领导机关乃至工厂、农村领导机关权力的狂潮。造反派的大规模武斗，造成了大批人员伤亡，酿成严重社会灾难。各级政权机关普遍陷于瘫痪、半瘫痪状态。

局势越来越往难以控制的方向发展。毛泽东原本设想，"文化大革命"像以前的运动一样，搞个两三年就可以结束了。1969年3月筹备中共九大时，他明确表露了这个心迹，还撤销了此前起了极坏作用的"中央文革小组"这个机构。但终归是树欲静而风不止，中共九大后，"文化大革命"运动并没有结束，仍然以不同的形式继续进行。

毛泽东也意识到这场运动有错误。在1971年出现"林彪事件"后，他开始在某些方面调整政策，为一些被当作"走资派"打倒的老干部平反，请他们出来重新工作；特别是推荐复出后的邓小平担任中共中央副主席、中央军委总参谋长和主持国务院工作的副总理，支持他对乱糟糟的局面进行整顿；最后，在周恩来总理逝世后，提议中央政治局委员华国锋担任中共中央第一副主席和国务院总理，没有把党和国家的大权交给极左的"四人帮"。

今天回过头来看，毛泽东时代国家治理和政权运行的一个鲜明特点，是坚持中国共产党这个政治核心的领导作用。这一点非常重要。即使在犯"文化大革命"这样大的错误时，党内的健康力量仍然进行了抗争，并努力维持着国家机器的基本运转，维护着基本民生和国家安全。

"文化大革命"不符合中国实际

1981年6月，中共十一届六中全会通过的《关于建国以来党的若干历史问题的决议》正式表述为："毛泽东同志发动'文化大革命'的主要论点既不符合马克思列宁主义，也不符合中国实际。这些论点对当时我国阶级形势以及党和国家政治状况的估计，是完全错误的。"

吸取"文化大革命"教训

1981年6月，中共十一届六中全会通过的《关于建国以来党的若干历史问题的决议》正式表述为："错误的个人领导实际上取代了党中央的集体领导。""根据'文化大革命'的教训……必须把我们党建设成为具有健全的民主集中制的党。"

四旧

"四旧"，指旧思想、旧文化、旧风俗、旧习惯。

封资修

封资修，即封建主义、资本主义、修正主义。

晚年的毛泽东，内心充满矛盾。他认为"文化大革命"的错误只是局部的而非全局性的，即三分错误，七分成绩。因此他不愿意也不可能从根本上否定这场运动，再加上得益于这场运动上升到党和国家领导人位置的"四人帮"推波助澜，致使"文化大革命"一直到他1976年逝世后才得以结束。

对"文化大革命"，应该彻底否定。出现"文化大革命"这样的乱局，固然是毛泽东晚年的悲剧，从治国之道的角度讲，也确实有一些教训值得总结，有一些问题值得思考。比如，"实事求是"的思想路线，"民主集中制"的运行原则，极端重要，然而要真正做到，不是一件很容易的事；在社会主义基本制度建立起来以后，工作重点是"以阶级斗争为纲"去"继续革命"，还是搞经济建设和发展生产力？在中国共产党执政的情况下，通过轰轰烈烈的大规模群众运动来解决一些问题对不对？已经建立起来的政治体制机制，是否需要进一步完善发展，特别是民主法制建设是否得到重视，按法律办事的原则是否得到落实？还有，高度集中的计划经济体制在中国的工业化进程中确实功不可没，但它本身是不是越来越僵化而束缚了社会生产力的发展，是不是需要对它进行改革？

"文化大革命"的形成和发展，说明当时对这些比较宏观的治国之道，认识上存在误区，做法是错误的。中国共产党在1978年作出以经济建设为中心、实行改革开放的伟大决策，正是从澄清这些问题，对过去的错误认识和做法进行拨乱反正开始的。

世界上没有不犯错误的人，也没有不犯错误的政党。毛泽东时代的中国，波澜壮阔，但也有不如人意甚至让人痛惜扼腕的挫折；杰出非凡的人物，也有令人唏嘘的失误和造成历史顿挫的错误。但伟大人物之所以伟大，在于其

"林彪事件"

以林彪为首的反革命集团发动武装政变的阴谋败露后，于1971年9月13日，强行乘飞机叛逃出国，飞机飞出国境后，在蒙古温都尔汗坠毁，机上人员全部死亡。"林彪事件"又称"九一三事件"。

"四人帮"

以江青为首的阴谋夺取党和国家最高权力的反革命集团。在1974年7月17日的中央政治局会议上，毛泽东批评江青、张春桥、姚文元、王洪文搞帮派活动，说："你们要注意呢，不要搞成四人小帮派呢！"此后，这四人被称为"四人帮"。

失误和错误从来不是从个人利益得失的权衡中产生的，而是缘于主观认识的错误和难以摆脱的历史局限。对这样的历史，这样的人物，需要科学的分析。

为此，在毛泽东诞辰120周年的时候，中共中央总书记习近平提出：

革命领袖是人不是神。尽管他们拥有很高的理论水平、丰富的斗争经验、卓越的领导才能，但这并不意味着他们的认识和行动可以不受时代条件限制。不能因为他们伟大就把他们像神那样顶礼膜拜，不容许提出并纠正他们的失误和错误；也不能因为他们有失误和错误就全盘否定，抹杀他们的历史功绩，陷入虚无主义的泥潭。

习近平还强调，中国共产党对待自己历史的顿挫和曲折，对待领袖人物的失误和错误，"历来采取郑重的态度，

上海，中共一大会址。

浙江嘉兴，南湖红船。

一是敢于承认，二是正确分析，三是坚决纠正，从而使失误和错误连同党的成功经验一起成为宝贵的历史教材"。

2017年10月31日，中共十九大刚闭幕一周，再次当选为中共中央总书记的习近平，带领新当选的其他几位中共中央政治局常委，专程前往上海和浙江嘉兴，瞻仰中共一大会址。嘉兴南湖上的那一只红船，正是毛泽东等十余名全国党代表秘密开会、宣告中国共产党正式诞生的地方。

习近平对人们说：这里是我们党梦想起航的地方。我们党从这里诞生，从这里出征，从这里走向全国执政。他引用了毛泽东在中共七大上引用过的一句中国古话："其作始也简，其将毕也必巨。"毛泽东那一代人的艰辛探索，正是中国共产党治国征程中的重要部分。

正如习近平所说，从总体上讲，毛泽东时代的中国，"为我们探索建设中国特色社会主义的道路积累了经验和提供了条件"，"为中华民族阔步赶上时代发展潮流创造了根本前提，奠定了坚实的理论和实践基础"[1]。

这样的评价，完整而又深刻，成为当今中国人的普遍共识。

---

[1] 习近平：《在纪念毛泽东同志诞辰120周年座谈会上的讲话》，《人民日报》，2013年12月27日。

SHEREHE YA KUFUNGUA RASMI UJENZI WA
RELI YA TANZANIA-ZAMBIA 26.10.70
CEREMONY FOR OFFICIAL START OF TANZANIA-
ZAMBIA RAILWAY CONSTRUCTION 26.10.70

CHINA

第十章

国际新角色

中苏关系的恶化
结交"中间地带"
跨越太平洋的握手
重返联合国

1961年10月，刚刚在上个月结束第二次访华之旅的英国元帅蒙哥马利，在《星期日泰晤士报》上发表了访华感悟：

这个国家的人民具有巨大的潜在力量，他们聪明而苦干，可能是世界上最勤劳的民族。西方世界最好还是同中华人民共和国建立和维持友好关系；这个国家需要以平等相待；它在一定时期内将成为不亚于世界上任何国家的强国。一个伟大的国家，世界上最大的国家，正在前进。[1]

蒙哥马利写下这段文字的年代，在很多西方人眼里，遥远的中国不仅属于受苏联支配的贫穷闭塞的社会主义国家，甚至还一直被联合国扣着"侵略者"的帽子。大多数人似乎并不太相信退休元帅的判断。但"正在前进"的中国，在国际舞台上确实努力追求着不仅来自西方，也应该来自同属社会主义阵营的苏联的"平等相待"。

中苏关系的恶化

在中苏的"蜜月期"，北京和莫斯科的新闻报道喜欢用"同志加兄弟的友谊"来形容两国关系。从20世纪50年代后期开始，昔日的兄弟间开始出现不和谐的音调。

1958年，苏联提出在中国领土和领海上建立中苏共有共管的长波电台和联合舰队，毛泽东对此事很敏感，他明确告诉苏联驻华大使尤金："你们可以说我是民族主义，……如果你们这样说，我就可以说，你们把俄国的民族主义扩大到了中国的海岸"，"要讲政治条件，连半个指头都不行"。[2]

赫鲁晓夫不理解，既然中国已经"一边倒"了，为什么还在这种"小事"

---

[1] [英]蒙哥马利：《三大洲——亚洲、美洲和非洲旅行记》，世界知识出版社，1963年版，第8页。
[2] 毛泽东：《同苏联驻华大使尤金的谈话》（1958年7月22日），《毛泽东文集》第7卷，人民出版社，1999年版，第390—391页。

上斤斤计较？赫鲁晓夫诘问毛泽东，以美国为首的北大西洋公约组织国家在相互合作和供应方面，并没有什么麻烦，可是我们这里——竟连这样简单的一件事都不能达成协议！毛泽东解释说，英国人和别的外国人已经在我们的国土上待了很多年，我们再也不想让任何人利用我们的国土来达到他们自己的目的。毛泽东后来说，中苏闹翻实际上是在1958年，他们要在军事上控制中国，我们不干。[1]

紧接着，1959年8月，中国和印度之间爆发了第一次边境冲突，苏联发表偏袒印度的塔斯社声明，引发中国方面的不满。9月，赫鲁晓夫访美，与美国总统艾森豪威尔宣布，两国在国际争端中将不诉诸武力，即所谓的"戴维营精神"。而毛泽东对当时的苏美关系和世界冷战格局却有自己的看法，他认为，"现在的局势，我看不是热战破裂，也不是和平共处，而是第三种，冷战共处"[2]。赫鲁晓夫访问美国后，来北京参加新中国成立10周年庆典。为了压中国向美国让步，以利于苏美改善关系，他在同中方领导人会谈时，要求中国在台湾问题上承担不使用武力的义务。这一干涉中国内政的提议，再次引起中方的反感，让双方的会谈又一次不欢而散。

意识形态的裂痕，夹杂着国家利益的战略考量，使中苏两党关系逐渐恶化，走向公开争论是早晚的事。1960年6月的布加勒斯特会议，变成了中苏公开论战的平台。苏联有预谋地对中共代表团发起攻击，中方予以反驳，中苏两党的分歧，在51个国家的共产党和工人党代表面前，在社会主义阵营内部，公开了。

布加勒斯特会议

布加勒斯特会议，指1960年在罗马尼亚布加勒斯特召开的社会主义国家共产党和工人党代表会议。

---

[1] 参见阎明复、朱瑞真：《忆1958年毛泽东与赫鲁晓夫的四次会谈》，《中共党史资料》，2006年第2期。
[2] 中共中央文献研究室编：《毛泽东年谱（1949—1976）》第4卷，中央文献出版社，2013年版，第401页。

1959年9月，毛泽东在北京首都机场迎接来华参加新中国成立10周年庆祝活动的赫鲁晓夫。

  一个月后，苏联突然照会中国，单方面决定召回他们派往中国的专家和顾问，废止两国经济技术合作的各项协议。这一举动，使中国蒙受巨大的经济损失，增加了当时已经严峻起来的经济困难，伤害了中国人的感情。中苏两党的分歧，遂演变为中苏两国的矛盾，两国关系迅速恶化。

  1961年后，中苏两党之间意识形态的争论愈演愈烈。苏共领导人和苏联报刊连篇累牍地发表文章和公开信，攻击中国的内外政策，对中共领导人还指名道姓地批判。苏共中央在公开发表的给中共中央的公开信中表示：苏共"仍将进行坚决的斗争，既反对右倾机会主义，也反对其危险目前并不小于修正主义的'左倾'机会主义……在共产主义运动的理论和策略的原则性的根本问题上仍将不会调和，并将进行反对修正主义和宗派主义的斗争"。[1] 公开信表明了苏共领导人准备长期公开争论下去的决心。

---

[1]《苏共中央三月三十日给中共中央的信》，《人民日报》，1963年4月4日。

事情就此闹大。从1963年9月到1964年7月，中共中央以《人民日报》和《红旗》杂志编辑部的名义，相继发表总称为《关于国际共产主义运动的总路线的论战》的九篇评论苏共中央公开信的文章（简称"九评"），予以回应，对苏共的内外政策也进行了全面批评。中苏论战达到高潮的时候，苏联方面一度表示要对中国采取"集体措施"和"坚决的打击"。

　　1964年10月，苏共中央的内部矛盾迫使赫鲁晓夫"下台"。新中国领导人期望就此改善中苏关系。为此，中共中央在1964年11月派周恩来赴苏参加十月革命庆祝活动。令人遗憾的是，中国主动伸出的橄榄枝，并没有被苏联人接受。赫鲁晓夫的继任者勃列日涅夫表示，苏联将继续坚持原来的立场。随即，苏联在中苏边境不断增兵，并向邻近中国北部边境的蒙古派驻苏军，由此给中国的国家安全带来严重威胁。

　　1966年3月，苏共召开二十三大，中国共产党决定不派代表出席，这意味着中苏两党关系中断了。到了1969年，中苏进而在界河乌苏里江上的一个小岛珍宝岛和新疆铁列克提地区发生了武装冲突。当时有美国新闻媒体爆出

新疆铁列克提战斗中38位英雄坚守的主阵地"忠勇山"

第十章　国际新角色　　233

消息说，苏联正在准备对中国实施"外科手术式"的核打击。防范苏联的军事侵略遂成为中国内外政策的重要基点，中国军队一度处于临战状态。

当年站在中苏论战最前线，后来成为中国改革开放总设计师的邓小平，1989年同来访的苏联领导人戈尔巴乔夫谈了自己对中苏论战这段"往事"的理解和评论：中苏论战的实质，是如何看待马列主义和社会主义，在这个问题上双方都没有搞清楚；希望马克思、列宁为他们去世几十年甚至上百年后出现的新问题提供现成答案，这是不可能的；更重要的是，在中国的感受中，更实质的问题是不平等，观点不合，苏联就撤销援助，进而恶化国家关系，让中国原本困难的经济雪上加霜，使"中国人感到受屈辱"。由此，据于各自立场的论战，双方都难免讲了不少空话和过头话。

"反帝反修"

反帝，指反对美国帝国主义。反修，指反对苏联修正主义。

结交"中间地带"

从20世纪50年代末期起，随着中苏关系恶化，毛泽东领导下的中国逐步确立了"既反帝又反修"的国际战略。这一战略给中国的国际交往带来被动，属于不得已而为之。但在美苏争霸的夹缝中，中国的外交有没有其他空间可以拓展呢？

毛泽东的选择是，走出社会主义阵营，结交亚非拉新朋友，开拓国际舞台新空间。

20世纪50年代，亚非拉国家反对帝国主义和殖民主义，争取和维护民族独立的运动日益高涨，这为中国实施"广交朋友"的外交战略提供了有利的契机。毛泽东时代的中国革命和建设，对新兴的民族独立国家有着很大的吸引力。毛泽东频繁地接见来自亚非拉各国的革命政党、群众团体和政府代表团，介绍中国革命的经验，并大规模地增加了对这些国家的援助。

当时，埃及人民维护苏伊士运河主权、反对英法侵略的斗争，阿尔及利亚人民反对法国殖民统治的斗争，撒哈拉以南的非洲人民反对殖民主义和种族主义的斗争，古巴、巴拿马等国反对美国武装干涉的斗争，中国都给予了道义声援或物资支持。1959年9月28日，中国与取得革命胜利的古巴建交，古巴成为与中国建交的第一个拉丁美洲国家。

20世纪60年代前期，根据国际形势的发展，毛泽东重提"中间地带"这一国际社会结构的战略判断。在他看来，在美苏争霸的世界格局中，存在着"两个中间地带"。"一部分是指亚洲、非洲、拉丁美洲的广大经济落后的国家，一部分是指以欧洲为代表的帝国主义国家和发达的资本主义国家。这两部分都反对美国的控制。在东欧各国则发生反对苏联控制的问题。"[1]中国领导人认为，第一个中间地带和民族民主运动是直接同盟军，中国应该给以最大的支持，并且联合它们；第二个中间地带不仅同苏联也同美国有矛盾，也应该充分加以利用，使它成为中国的间接同盟军。

争取两个"中间地带"，由此成为当时中国国际战略的重点。

这一时期，国家主席刘少奇、国务院总理周恩来、外交部部长陈毅等中国领导人先后对亚洲、非洲几十个国家进行访问。其中，以周恩来在1963年底至1964年初对亚

"中间地带"

1946年8月，毛泽东在延安会见美国记者安娜·路易斯·斯特朗时，首次使用了"中间地带"的概念。他说，在"美国和苏联中间隔着极其辽阔的地带"，即"中间地带"。"这里有欧、亚、非三洲的许多资本主义国家和殖民地、半殖民地国家。美国反动派在没有压服这些国家之前，是谈不到进攻苏联的。"1947年9月，欧洲九国共产党工人党情报局会议公开宣布世界划分为两大阵营，即苏联领导的社会主义阵营和美国领导的资本主义阵营，中共中央接受了苏联提出的观点，此后，毛泽东很少使用"中间地带"的概念。

---

[1] 毛泽东：《两个中间地带》（1963年9月、1964年1月、7月），《毛泽东文集》第8卷，人民出版社，1999年版，第344页。

五项原则

这五项原则是：(1)支持阿拉伯和非洲各国人民反对帝国主义和新老殖民主义、争取和维护民族独立的斗争。(2)支持阿拉伯和非洲各国政府奉行和平中立的不结盟政策。(3)支持阿拉伯和非洲各国人民用自己选择的方式实现统一和团结的愿望。(4)支持阿拉伯和非洲国家通过和平协商解决彼此之间的争端。(5)主张阿拉伯和非洲国家的主权应当得到一切其他国家的尊重，反对来自任何方面的侵略和干涉。

非欧14国的出访最有影响。

在访问中，中国政府在坚持和平共处五项原则的方针下，提出了同非洲和阿拉伯国家处理相互关系的五项原则。1964年，周恩来在同加纳总统会谈时，首次提出了中国对外援助的八项原则。紧接着，周恩来在同马里总统会谈中，又一次重申了八项原则，并全文写入两国的联合公报。

这两个原则不仅适用于中国处理同阿拉伯国家、非洲国家的关系，也适用于中国处理所有愿意和中国发展关系的亚洲、拉丁美洲国家的关系，基本上成为中国与第一个中间地带国家的交往原则，受到广泛欢迎。

1965年2月，坦桑尼亚总统尼雷尔访华，向中国提出一个请求，希望中国帮助修建一条从坦桑尼亚到赞比亚的铁路。之前，尼雷尔曾先后向世界银行和苏联提出过同样的请求，但因为工程浩大、费用太高的缘故，都被拒绝了。

刚刚走出经济困难局面的中国，经济生态仍很脆弱，此时一下拿出上亿资金援助他国，的确十分困难。尼雷尔回忆说："当我提这个问题的时候，我的心跳得多么厉害呀！在你们回答我以前，我连呼吸都不敢呼吸了！"[1]不敢抱太大希望的尼雷尔听到的，却是毛泽东肯定的答复。中国领导人表示：宁可自己不修铁路，也要帮助穷朋友修。

1976年7月，坦赞铁路建成并通车。坦赞铁路是当时中国在非洲援建的最大项目，长达1860公里的工程耗资巨大，建设十分艰难，中国政府提供无息贷款9.88亿元人民币，共发运各种设备材料100万吨，还先后派出各类工程技术人员5万人次，其中66人在工地上献出了生命。

这条被誉为"自由之路"的铁路，扩大了中国在非洲

---

[1]《关于中国政府援助修建非洲坦赞铁路的文献选载》，《党的文献》，2012年第3期。

1970年10月26日，中国援建的坦赞铁路正式开工。

的影响，也成为中非人民友谊的象征。

在结交远方新朋友的同时，中国进一步巩固和邻居们的友好关系。在20世纪60年代前期，本着友好协商、和平解决的原则，中国先后同缅甸、尼泊尔、蒙古、巴基斯坦、阿富汗5国签订条约，解决了与大多数邻国由于历史原因遗留下来的边界问题。值得一提的是，1962年的中印边界自卫反击战，中国军队取得重大胜利后即在全线主动停火，主动后撤，并遣返全部印军战俘和归还缴获的武器及军用物资。之后，中印边界长时期没有发生较大规模的武装冲突。

西欧，以及日本、加拿大、澳大利亚和新西兰等国，作为美苏之间的"第二中间地带"，是中国外交大有可为的又一个战略空间。为此，新中国与英国保持了在成立初期就建立起来的代办级关系。1964年1月，中国和法国建立了正式外交关系，这是新中国外交上的一个重大突破，中

中国对外经济技术援助八项原则

中国对外经济技术援助的八项原则是：(1)中国政府一贯根据平等互利的原则对外提供援助，从来不把这种援助看作是单方面的赐予，而认为援助是相互的。(2)中国政府在对外提供援助的时候，严格尊重受援国的主权，绝不附带任何条件，绝不要求任何特权。(3)中国政府以无息或低息贷款的方式提供经济援助，在需要的时候延长还款期限，以尽量减少受援国的负担。(4)中国政府对外提供援助的目的，不是造成受援国对中国的依赖，而是帮助受援国逐步走上自力更生、独立发展的道路。(5)中国政府帮助受援国建设的项目，力求投资少，收效快，使受援国政府能够增加收入，积累资金。(6)中国政府提供自己所能生产的质量最好的设备和物资，并且根据国际市场的价格议价。如果中国政府所提供的设备和物资不合乎商定的规格和质量，中国政府保证退换。(7)中国政府对外提供任何一种技术援助的时候，保证使受援国的人员充分掌握这种技术。(8)中国政府派到受援国帮助进行建设的专家，同受援国自己的专家享受同样的物质待遇，不容许有任何特殊要求和享受。

2004年1月24日—29日，埃菲尔铁塔换上红装，以庆祝中国猴年春节及中国文化年在法国成功举行。

法关系在相当长一段时间内成为中国与西方国家关系的楷模。同年5月和12月，中国又分别同意大利和奥地利互设商务代表。

虽然由于日本政府追随美国的对华政策，中日政府间关系受阻，但在这一时期，由于采取了备忘录贸易和议定书贸易的灵活政策，中日民间交往取得了不小进展。1963年，中日贸易额从1960年的2345万美元急剧上升到1亿多美元。两国民间友好往来更为频繁，互访人员迅速增加。[1]

---

[1] 中共中央党史研究室：《中国共产党历史》第2卷（下），中共党史出版社，2010年版，第662页。

毛泽东始终关注国际局势的变化发展。20世纪70年代，他又将"中间地带"理论发展为"三个世界"理论。1974年，毛泽东对来访的赞比亚总统卡翁达表示：美国、苏联是第一世界；亚非拉和其他地区的发展中国家是第三世界；处于这两者之间的发达国家是第二世界。这三个世界是相互联系又相互矛盾的。他告诉非洲客人："我们是第三世界，我赞成第三世界的国家要互相帮助。"[1]

"三个世界"的战略思想，是毛泽东晚年的一项创举。这一战略思想保证了"文化大革命"后期中国对外政策的稳定，在当时的历史条件下，对坚持反对超级大国的霸权主义和战争危险，努力建立和发展同广大第三世界国家的友好合作关系，发挥了重要的指导作用。

1974年4月6日，国务院副总理邓小平率领中国代表团出席联合国第六届特别大会。这是新中国的领导人首次出席联合国会议，吸引了全世界的目光。由邓小平任团长，是毛泽东的提议。在大会发言中，邓小平全面阐述了毛泽东关于"三个世界"的理论和中国的对外政策。

在发言的结尾，这位中国代表团团长说：

中国是一个社会主义国家，也是一个发展中的国家。中国属于第三世界。中国政府和中国人民，一贯遵循毛主席的教导，坚决支持一切被压迫人民和被压迫民族争取和维护民族独立，发展民族经济，反对殖民主义、帝国主义、霸权主义的斗争，这是我们应尽的国际主义义务。中国现在不是，将来也不做超级大国。

跨越太平洋的握手

新中国成立后，除了时断时续的中美大使级会谈通道，中美之间事实上长期处于对抗和隔绝状态。"反对美帝国主义"一直是中国最基本的宣传口径。但

---

[1] 中共中央文献研究室编：《毛泽东年谱（1949—1976）》第6卷，中央文献出版社，2013年版，第559页。

三国

　　三国，是古代中国的一个时期（220—280）。当时的中国被割据为三个政权：占据北方的是曹操，建立魏国；占据西南的是刘备，建立蜀国；占据东南的是孙权，建立吴国。

毛泽东始终相信，中美两国迟早要交往的。[1] 为改善中国的安全环境，他密切观察着国际形势的发展，寻求着中美破冰的时点。

1969年3月，中国和苏联两国边防部队在珍宝岛发生武装冲突。珍宝岛的枪声，触动了毛泽东。6月，他交给陈毅、叶剑英、徐向前、聂荣臻四位元帅一个任务，请他们研究国际形势，提出建议。

四位元帅年龄都已在70岁上下。他们曾指挥千军万马，在战争已经远离整整20年后，他们的战略思维聚集到了广阔的世界大舞台。在中南海武成殿，四位老帅连续开了6次国际形势座谈会，最后形成了三份厚厚的书面报告。

在报告中，老帅们提出：国际对抗集中表现为中、苏、美三大力量的斗争。美苏均以中国为敌，又相互为敌。中、苏、美三大力量中，中苏矛盾大于中美矛盾，美苏矛盾又大于中苏矛盾。苏联想利用中美矛盾，美国也想利用中苏矛盾。苏联是否发动对华战争，在很大程度上取决于美国的态度，如果中美联合，苏联动武的可能性很小。对美苏的斗争，要原则上坚定，策略上灵活。现在，尼克松出于对付苏联的战略考虑，正急于拉中国，我们可以从战略上利用美苏矛盾，打开中美关系的大门。

熟悉三国历史的叶剑英把这一"联美对苏"的建议，形容为蜀国丞相诸葛亮定下的"东联孙吴，北拒曹魏"的战略设计。

四位元帅的建议，与当时中国正在开展的"文化大革命"的主流宣传，与中美关系长时期紧张对抗的态势，很不协调，用他们的话来说，是"不合常规"，但却与毛泽东

---

[1] 中华人民共和国外交部、中央文献研究室编：《毛泽东外交文选》，中央文献出版社、世界知识出版社，1994年版，第281页。

的想法不谋而合。在一次与外交工作人员的谈话中，毛泽东说，"两霸我们总要争取一霸，不两面作战"[1]。

事实上，当时的美国总统尼克松同样有着改善与中国关系的强烈愿望。在美苏争霸中，由于美国深陷包括越南战争在内的印度支那战争的泥潭，呈现出苏攻美守的态势。为化解来自苏联的战略压力，美国需要拉上中国共同对付苏联，同时想在中国方向寻找到从越南战争脱身的突破口。

双方开始接近，小心翼翼地试探，过程也是一波三折。1969 年 12 月，在波兰华沙的时装博览会上，美国驻波兰外交人员主动找中国外交人员搭话，传递美国想要修好的信息。此外，尼克松还通过巴基斯坦总统叶海亚向中国传递口信：想来中国，同中国领导人会面。

在 1970 年的国庆活动中，毛泽东也向美国发出一个含蓄的信号。他把一个叫斯诺的美国人请上了天安门城楼，同他一起观看国庆游行，并在第二天的《人民日报》上刊出两人在一起的大幅照片。遗憾的是，这个东方式的含蓄信号并没有被美国人理解。

谁也没有想到，推动中美破冰的契机，竟然是由一个直径不足 40 毫米的乒乓球提供的。

1971 年 3 月，第 31 届世界乒乓球锦标赛在日本名古屋举行。在比赛期间，美国乒乓球队提出赛后到中国访问的愿望。外交部觉得时机还不成熟，提出拟不邀请美国队访华的建议。对这个报告，毛泽东考虑了三天，最后关头，他深夜派人追回了本已画圈同意的外交部建议报告，改为邀请美国乒乓球队访华。

中国邀请美国乒乓球队访问的消息，轰动了世界。国际舆论称这是"小球转动大球"的"乒乓外交"。尼克松后来在回忆录里说：这个消息使我又惊又喜，我从未料到对华的主动行动会以乒乓球队访问的形式得到实现，我们立即批准接受了邀请。

4 月 14 日，美国乒乓球队和一群随行记者来到了北京。周恩来在人民大会堂接见了他们。周恩来对美国队员们说：你们的来访，打开了中美两国人民友

---

[1] 中共中央文献研究室编：《毛泽东年谱（1949—1976）》第 6 卷，中央文献出版社，2013 年版，第 441 页。

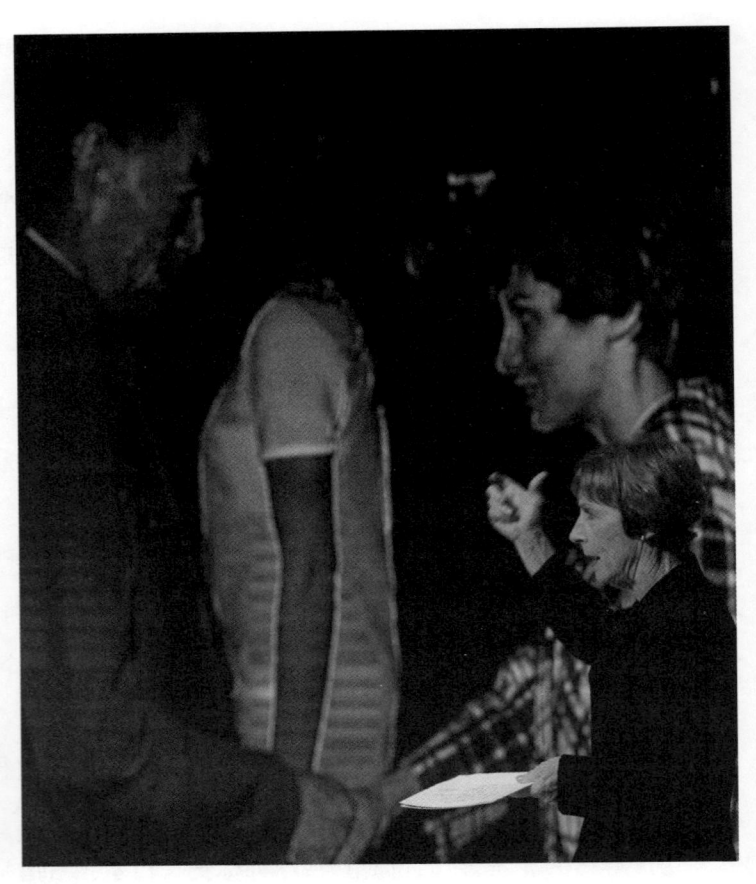

2019年9月17日，由中国日报社主办的"新时代大讲堂"在纽约亚洲协会举行。亲历1971年"乒乓外交"的美国国家女子乒乓球队队员康妮·史维利斯做分享。

好往来的大门。

尼克松从这场"乒乓外交"中受到鼓舞，正式向中国方面传递口信，表示准备到北京同中国领导人认真商谈，并提议由他的安全事务助理基辛格作为特使，先期到北京会谈。

1971年7月9日，基辛格乘坐一架巴基斯坦客机飞到了北京。基辛格此行是秘密的，在北京只停留了48个小时。10月20日，基辛格第二次访华。这一次是公开来的，主要是与中方商讨尼克松访华时将要发表的中美联合公报。周恩来同他会谈了10次，还请他吃了一次地道的北京烤鸭。两位杰出的外交家会谈的内容范围非常广泛，包括中国加入联合国问题、两国贸易问题、越南战争问题,当然,其中最重要的就是台湾问题。

自 1950 年美国派第七舰队入驻台湾海峡,台湾问题一直是横亘在中美两国之间的最大阻碍,两国在台湾海峡甚至一度游走于战火的边缘。

在周恩来和基辛格的共同努力下,美国表示承认台湾属于中国,不再支持"台湾独立",这意味着美国表态不再执行"两个中国"政策。在此基础上,中美双方就尼克松访华达成了协议。

1972 年 2 月 21 日,尼克松如期访华。在下飞机的那一刻,尼克松紧趋前行,主动伸出手来与周恩来握手,敏感的摄影记者从不同角度定格下了这一历史瞬间。离开机场时,周恩来寓意深长地对尼克松表示:"你的手伸过世界最辽阔的海洋来和我握手——25 年没有交往了啊!"

当尼克松与毛泽东会面时,毛泽东表示:具体的问题,尼克松可同周恩来总理谈,我们谈哲学问题。哲学问题当然就是方向问题,涉及世界局势的走向和未来中美关系的定位。谈话中,尼克松说毛泽东改变了世界,毛泽东回答

1972 年 2 月,尼克松总统访华,周恩来总理到北京机场迎接。

第十章 国际新角色

说他只改变了北京附近的地区。谈话结束时，尼克松握着毛泽东的手又说："我们在一起可以改变世界。"

2月28日，中美在上海正式发表《中华人民共和国和美利坚合众国联合公报》（即《上海公报》），这个公报除了申明中美双方在许多国际关系准则和一些具体国际事务中达成的共识外，美国方面还特别声明："美国认识到，在台湾海峡两边的所有中国人都认为只有一个中国，台湾是中国的一部分。美国对这一立场不持异议。""它（美国）确认从台湾撤出全部美国武装力量和军事设施的最终目标。"

尼克松访华，标志着中美关系正常化进程的开始。心情舒畅的尼克松在即将离开中国时开怀畅饮，在即席讲话中感慨地说："访华的一周是改变世界的一周。"

令人遗憾的是，尼克松在1973年连任美国总统后，因"水门事件"在1974年8月被迫辞职，中美关系正常化的进程受到了影响。加上美苏在限制战略武器方面谈判取得进展，斗争有所缓和，中美建交问题被拖延下来。直到毛泽东逝世后的1978年12月，中美两国终于达成《中华人民共和国和美利坚合众国关于建立外交关系的联合公报》（即《中美建交公报》）。此后，围绕美国对台军售问题，1982年8月17日，中美达成《中华人民共和国和美利坚合众国联合公报》（即《八一七公报》）。这三个公报，成为稳定和发展中美关系的政治基石。

在尼克松1972年2月底离开中国半年后，一位曾经是侵华日军士兵的日本首相也来到了中国。

尼克松在日本毫不知情的情况突然访华，被日本视为"越顶外交"，佐藤荣作首相因此被迫下台。1972年7月7日，田中角荣组阁上台。上台伊始，他就表示，要把实现日中邦交正常化作为自己在外交领域的首要任务。9月25日至30日，田中角荣如期访华。双方签署并发表了两国政府联合声明，宣布建立外交关系。

在尼克松访华和中日建交的震荡下，加上中国恢复了联合国的合法席位，包括西方国家在内的绝大多数国家，都纷纷与中华人民共和国建交，与台湾当局断交，毛泽东时代的中国，迎来了第三次建交高潮。1970年11月6日，中国和意大利宣布建交。1972年3月13日，中国和英国宣布建交。1972年10月11日，中国与联邦德国宣布建交。到1973年底，中国已基本上完成同美国以外的资本主义发达国家建交的过程。

重返联合国

1945年6月26日，《联合国宪章》在旧金山退伍军人纪念大厦进行庄严的签字仪式。按照事先商定的顺序，中国代表团被安排在第一个签字，当代表团里最年长的代表董必武坐在签字台前时，人们发现，这位来自中国共产党的代表团成员，拿起的是中国传统的毛笔。

中国以创始会员国的身份成为联合国成员，并跻身安理会五个常任理事国之列。中国人当时真诚地以为，在抗日战争和世界反法西斯战争中作出重要贡献的中国，从此能够以大国地位参与国际事务了。然而，后来的情形却不是这样。

1949年以前，由于国民党政府忙于和中国共产党的内战，自身岌岌可危，中国的大国地位并没有像美、苏、英、法四国那样得到确认，在安理会不过是一个"等外大国"。

1949年9月30日，为新中国谋划蓝图的中国人民政治协商会议第一次会议通过决议，否认台湾国民党当局继续代表中国出席联合国大会的资格。1949年11月15日和1950年1月8日，周恩来总理兼外长两次致电联合国，要求联合国立即将国民党当局代表开除出联合国及其各附属机构。

新中国的要求，得到了苏联的支持。然而，在美国的操纵下，苏联提出的驱逐退居台湾的国民党在联合国的代表、恢复中国合法席位的提案多次遭到否决。在1950年9月举行的第5届联合国大会上，甚至通过了联合国暂时不能审议中国席位问题的决议，实质上是继续允许台湾当局的代表出席联合国大会。

朝鲜战争期间，联合国大会在1951年2月和5月先后通过了美国提出的中国是"侵略者"和要求所有联合国成员国对中国实行禁运的两个决议。

朝鲜战争后,中国对联合国失望了,没有再主动向联合国提出恢复合法席位的要求。从1951年到1960年,美国则年复一年地在联大提出并操纵通过"暂不审议"决议。但是,随着越来越多的亚非拉独立国家进入联合国,中国在国际舞台上赢得了越来越多的朋友,"暂不审议"提案的表决情况对美国也越来越不利。

在1953年第8届联大会议上,60个会员国中支持美国的有44个。1960年召开第15届联大会议时,联合国会员国数目增加到98个,而美国的支持票却从44票降到了42票。这意味着,新获独立加入联合国的国家,绝大多数都没有支持美国的立场。这一年,美国提案只获得了8票的微弱优势。

1961年的第16届联大,违背美国意志通过了讨论中国席位问题的决议。这是对美国所设置的重重障碍的第一次突破。美国则变换手法,在这届联大上提出并通过了把恢复中国代表权作为一个"重要问题"来处理的提案。根据联合国议事规则,凡属"重要问题",必须要有三分之二以上多数通过的决议才能生效。也就是说,在中国席位问题上,只要"重要问题"案成立,美国就可以用三分之一的少数来控制三分之二多数会员国的意志。

从1961年到1971年,美国又年复一年地提出并通过所谓"重要问题"提案。然而,这一提案的命运与"暂不审议"提案一样,赞成的票数也越来越少。新中国走向联大代表席的脚步越来越近。

不论是第三世界国家,还是一些西欧国家,越来越感到国际政治、经济事务离不开中国的参与。第三世界国家在改变不合理的国际政治经济秩序的斗争中需要中国的支持;西欧发达国家则希望能够打开中国市场,为本国出口商品找到新的出路。

1970年第25届联大后,一些长期追随美国反对恢复中国合法席位的国家向美国表示,在下一届年会表决中国席位问题时,他们将改变立场,支持北京。美国政府随即再次改变手法,决定在继续提出"重要问题"提案的同时,提出"双重代表权"的提案。意思是"中华人民共和国应当有代表权,但也不应当剥夺中华民国的代表权"。这是一个主张"两个中国"的提案,中国政府理所当然地表示反对。

1971年召开第26届联合国大会前夕，基辛格正在北京秘密访问。周恩来对他说：中国不在联合国里面已经很久了，中国可以再等一段时间，但中国决不会接受任何形式的"两个中国"的安排。外交部发表公开声明：只要在联合国里出现"两个中国""一中一台"之类的阴谋，中华人民共和国政府就坚决不同联合国发生任何关系。中国政府的这一立场使很多原本摇摆于两种方案之间的国家，最终选择了支持中国的立场。

第26届联合国大会上，阿尔巴尼亚、阿尔及利亚等23国提出了恢复中国合法席位、驱逐国民党代表的提案，作为反制措施，美国则与日本联合提出了"重要问题"和"双重代表权"提案。尽管美日代表在会内会外到处游说，但美日"重要问题"提案还是被否决了，所谓"双重代表权"提案还未付表决即成为废案。恢复中华人民共和国在联合国的一切合法权利和立即把台湾国民党当局的代表从联合国及其所属一切机构中驱逐出去的提案，以76票赞成、35票反对和17票弃权的压倒性多数，获得通过。台湾当局代表为表抗议，宣布"退出"联合国，离开会场。一些亚非国家的代表则按捺不住心中的喜悦，在会场上载歌载舞地欢庆起来。

值得一提的是，随着中苏关系经历的冷热交替，苏联对中国重返联合国的态度也经历了从坚定支持，到支持但不再提案，再到只支持、不发言、不提案的转变。尽管1969年中苏之间还发生过边境冲突，在联合国有3个席位的苏联，在第26届联大会议上，仍然投出了3张赞成票，支持中国恢复合法席位。

1971年10月25日，联合国大会投票当天，还没有离开中国的基辛格对中国陪同人员说："明年尼克松访华后，中国差不多就能进联大了。"当投票结果传来，基辛格先是一愣，随即机智地自我解嘲，对助手们说："我的话应验了，光是中美接近就会使国际形势产生革命性变化，对此连我自己也认识不足。"

当晚，美国各大电视台以特大重要新闻插播方式报道："在非洲等76个国家的支持下，红色中国获准进入了联合国，一个新的历史时期即将到来。"

在太平洋这边的北京，毛泽东感慨地说：不要忘了，是第三世界兄弟把我们抬进联合国的。

1971年10月25日，第26届联合国大会以压倒性多数通过了关于恢复中华人民共和国在联合国的一切合法权利的决议。中国代表团团长乔冠华（左）和副团长黄华（右）开怀大笑。

这时，距离新中国成立已经过去了整整22年。

恢复联合国的合法席位，意味着世界的大门向中国敞开了。中国从此真正全面、全方位地走向世界，这为毛泽东的继任者邓小平在1978年作出改革开放的重大决策创造了重要条件。

1960年5月27日，第一次访问中国的英国元帅蒙哥马利，向毛泽东提出过一个自称是"有趣的问题"："50年以后，中国的命运将是怎么样的？那时中国会是世界上最强大的国家了。"毛泽东敏锐地追问："你的看法是，那时候我们会侵略，是不是？"随即给出答案："外国是外国人住的地方，别人不能去，没有权利也没有理由硬挤进去，如果去，那就要被赶走"，"如果我们占人家一寸土地，我们就是侵略者。实际上，我们是被侵略者，美国还占着我们的台湾"。

从那时算起，50多年过去了。当今的中国，发展日新月异，已经是世界第二大经济体，迎来了从站起来、富起来到强起来的伟大飞跃，并日益走近世界舞台的中央。但中国不仅仍然奉行着毛泽东对蒙哥马利的承诺，而且还进一步把中国梦和世界梦，把中国的命运和世界的命运，紧紧联系在了一起。中国道路，拓展了发展中国家走向现代化的途径，给世界上那些既希望加快发展又希望保持自身独立性的国家和民族提供了全新选择，为解决人类问题贡献了中国智慧和中国方案。

2015年9月，在联合国成立70周年的时候，中国国家主席习近平在第70届联合国大会上，发表了一篇题为《携手构建合作共赢新伙伴，同心打造人类命运共同体》的演讲，提出了构建"人类命运共同体"的思想。

中国贡献的这个方案，引起世界各国高度重视和关注。联合国社会发展委员会在2017年2月10日的决议中，正式把"构建人类命运共同体"写了进去。

后 记

讲毛泽东时代的中国，是个大题目，本不好写；立项初衷又是为普通读者提供一本通俗读物，这就难上加难。为化繁为简而不失精要，论从史出而彰显平实，决定大致按史的线索，分10个专题来写。陈晋主持了20余次集体讨论，明确叙述方式，理定每个专题的撰写提纲。李琦执笔第五、八、九章，费虹寰执笔第一、二章，石建国执笔第三、六章，潘敬国执笔第四章，朱薇执笔第七章，李振执笔第十章。最后由陈晋统改全部书稿，并撰写序言《毛泽东和他的时代》。

《新中国，有这样一个时代》课题组

2023年12月

图书在版编目（CIP）数据

新中国，有这样一个时代 / 陈晋等著. —— 北京：外文出版社，2023.12
（大党之道）
ISBN 978-7-119-13918-0

Ⅰ. ①新… Ⅱ. ①陈… Ⅲ. ①中国历史—1949-1976 Ⅳ. ①K27

中国国家版本馆 CIP 数据核字（2023）第 235567 号

出版指导：陆彩荣
出版统筹：胡开敏
责任编辑：于 瑛　李 香
项目统筹：文 芳　蔡莉莉
封面设计：星火设计实验室·王国庆　武 琨
正文设计：一瓢文化·邱特聪
印刷监制：章云天

新中国，有这样一个时代

陈晋　等著

©2023 外文出版社有限责任公司

出 版 人：	胡开敏	
出版发行：	外文出版社有限责任公司	
地　　址：	北京市西城区百万庄大街 24 号	邮政编码：100037
网　　址：	http://www.flp.com.cn	电子邮箱：flp@cipg.org.cn
电　　话：	008610-68320579（总编室）	008610-68995875（编辑部）
	008610-68995852（发行部）	008610-68996185（投稿电话）
印　　刷：	北京盛通印刷股份有限公司	
经　　销：	新华书店 / 外文书店	
开　　本：	787mm×1092mm　1/16	
字　　数：	200 千	
印　　张：	16.25	
版　　次：	2023 年 12 月第 1 版第 1 次印刷	
书　　号：	ISBN 978-7-119-13918-0	
定　　价：	55.00 元	

版权所有 侵权必究　如有印装问题本社负责调换（电话：68996172）